A 大的信念：

Keep learning, keep saving.

持續不斷學習，持續不斷存錢。

A 大的信念：
未來的你，說不定會在某個時刻，
深深地感謝現在拚命學理財的自己。

從零存款開始也能越過越好

A大的
理財金律

1書＋1夢想筆記本

A大 ameryu———著

穩健理財，成就未來

資工心理人

不是所有的英雄都披著披風，A大（ameryu）就是在PTT CFP板的英雄，猶記得多年前的偶然間，我逛到了PTT的CFP（理財規畫）板，就像發現了一個新世界一樣，在閱讀許多文章的過程中，才發現原來理財不是我原先預想的，做好投資這件事就好，而是包括了收入分配、生涯規畫、保險房貸、投資資產配置等等。在許多的發問文章中，總會有一位ameryu大大熱心地回覆，從A大的許多回文中，我學習到如何做好收入與支出的分配；循環式定存的方法，更是幫助我在初踏入職場時，穩定地累積存款，為未來的投資建立好可用資金池。可以說沒有A大那些熱心的回文，可能就不會有現在的我，今天能夠為這本書寫推薦序，實在是我的榮幸。

本書中A大從三個大方向依序切入，先引導你如何去計畫未來，接著是整理你的財務狀況，妥善分配收入，最後是運用理財擴大並累積財富。這部分我特別有感，很多人總是想要藉由投資快速致富，但其實一切的開始，是你必須有正確的人生規畫，才能夠做好適合你的理財規畫，有穩健的理財規畫建立好人生護城河後，才能夠開始投資。如果你的人生護城河都沒挖好，當遇到市場風險的時候，你同時也可能面臨了人生風險（裁員減薪），而不得不將投資部位砍在一個很難看的位置。

感謝 A 大將他多年來累積的智慧集結成書，祝福每一位閱讀此書的朋友都能夠完善自己的理財規畫，累積自己的財富，完成人生中的各項目標夢想。

（本文作者為「資工心理人的理財探吉筆記」版主）

推薦序

找到最適合你的財務優化之道

ffaarr

很高興看到 A 大出書了！作爲也常在 PTT 理財規畫板發文的鄉民，每次看到 A 大回覆板友的文章，都深深感受到他的熱忱和用心，也很佩服 A 大每每能針對每位板友不同的實際理財需求，作出深入的分析，點出當事人理財上的核心問題，並找出合理合適的方向。

在本書中，A 大將這些長期以來幫助大家的經驗心得統整之後，成爲更有系統且實用的理財方法寶典，雖然理財問題常常因人而異，每個人適用的方式不盡相同，但書中提供的思考與做法十分豐富又深入淺出，大家應都能在書中找到能幫助自己的方法。

如 A 大所說，理財的重點在於如何把錢以及資源配置到適當的位置，坊間不少理財書籍，過度把重點放在怎麼靠各種投資方法賺錢，但其實投資只是理財的一部分，且投資很多時候並非花費更多心力就一定能賺更多錢（其實像本書介紹的，長期定期機械化投入全球股市 ETF，賺取接近大盤的報酬，就已經是相對最有效率的方式），反而是把更多心力花在本身能力的精進，工作上的努力，以及運用本書著重介紹的理財方式做好規畫並實踐，更能有效優化我們的財務。

如同 A 大在書的開頭就提到理財目標的重要性，很建議

讀者們可以先從這裡開始思考，有了目標方向，再循著書中的實例和方法說明的帶領，將會有更棒的收穫。

（本文作者為「Ffaarr 的投資理財部落格」版主）

讓這本書帶領你存下第一桶金，
往夢想車站前進

陳詩慧

　　會認識 A 大，是因爲他曾經在「A 大的理財心得分享」推薦我的書，仔細地寫下感想，觸動了我的心。於是我在他的粉專留言，就這樣開啓了我們的緣分。出書對 A 大來說，是一個人生的目標，如今實現了，我眞心爲他高興。我眼裡的 A 大，是一個對生活認眞、執著，認分做好每一件生活日常的人。他總是有計畫地達成自我設定的目標，再進入下一個階段，就這樣一步一腳印地走到今天。

　　還記得，有一次他要去高雄辦講座，我介紹了在高雄開餐廳的朋友給他認識。A 大挑選了幾個不同的地點，去現場仔細看環境，點杯咖啡，享用甜點，實際感受氛圍。每一場演講，每一件事，他都希望爲對方服務到最好。由此可以明瞭，爲什麼 A 大如此受到年輕朋友的喜愛。他和網友亦師亦友，能夠同理對方缺乏金錢的不安，耐心聆聽每個人的生活難題，從現實狀況切入，幫助年輕朋友規畫如何存下第一桶金，往夢想車站前進。

　　A 大有個理財金律：**你永遠可以透過自己的努力，扭轉命運。** 我自己也是這句話的實踐者。學會理財，不只能擁有被動收入，還能逆轉人生。擁有正確的理財觀念與心態，學會如何存下錢，就等於幫自己的夢想付了頭期款。A 大的書還貼心地爲

讀者規畫了「夢想筆記本」，依照內容按部就班地做好存錢、理財規畫，相信你一定能存下旅遊、出國念書，甚至是結婚的錢。

A 大也說過，**你現在所存下的每一塊錢，都是夢想的種子**。記得大學畢業後，我想**存錢出國念書**，工作三年，終於存到人生第一桶金，雖然不夠，但還是**出國留學**，遇到問題再一步步解決。當時一個月起薪 24,380 元的我，如何存到 100 萬？正如 A 大書裡寫的，一點一滴地存，盡可能節省不必要的開支，吃公司的午餐與晚餐，睡公司宿舍，減少與朋友出遊的頻率，週末兼差教兒童美語。

為了夢想，任何辛苦你都會堅持下去，還會樂在其中。因為錢存得越多，距離夢想實現的日子就越近。

我和 A 大還有另一個共同的信仰：把買房當作存錢方法之一，因為可以自住省房租，又可增值。房子有很好的複利效應，「房貸是小資族的存錢筒，銀行是小資族的貴人」。A 大曾經跟我分享，房貸繳著繳著，錢就存下來了，物欲也會減少很多，其實個人資產中，增值最多的就是房子。我也有同樣的經驗，還記得二十年前，二十八歲的我，先買了 300 萬的房子，每個月房貸 12,000 元，就這麼一直繳房貸，孩子越生越多，房子也越變越大，房貸越變越多，錢也就越存越多了。

看 A 大的書，你一定可以存下人生第一桶金！

（本文作者為財經作家，著有《我用波段投資法，4 年賺 4 千萬：買在低點、賣在高點，賺價差的獲利 SOP》）

學習將每一筆錢都花在刀口上，就能越過越好

整理鍊金術師小印

前年底認識 A 大，當時的我已經財務自由，不過我還是會到處學習上課，進修各家方法，因此跟 A 大結緣。他告訴我有出書計畫，現在看到書問世，真心為他感到開心！恭喜 A 大圓夢！

閱讀本書後我才知道，原來 A 大跟我一樣都是白手起家，沒有富爸爸，也不是商學院背景。我們都是靠下班後努力學習，盡量存錢，扭轉命運，A 大甚至在二十七歲就買了房子！他從黑手師傅開始修練自己的財務知識，變成專業的暖心理財教練。而我則是從購物狂，透過斷捨離及高儲蓄率，並且持續學習理財知識，達到了財富自由，甚至也跟 A 大一樣，致力幫助他人得到想要的人生。

這本書傳達的觀念我都很認同，尤其是在高物欲、低存款率的現代，A 大的金句「**你現在所存下的每一塊錢，都是夢想的種子**」「**持續不斷地學習，不斷地存錢，就有可能改變命運**」更顯得重要！

書中提到《鋼之鍊金術師》的等價交換法則，其實也是我當初取名為「整理鍊金術師」的原因。當你買下一樣物品，

其實就等於交換了未來想要達成的目標。所以盡早透過整理物品，釐清每個物欲背後的真正原因，想清楚你真正想過的人生，才能幫助你將每一筆錢都花在刀口上。

只有經歷過的人才會知道，提高儲蓄率對於一般人累積資產有多重要，書中所提供的實務方法，我相信可以幫助為財務問題所困的人。誠心推薦！

（本文作者為整理鍊金術師，著有《財富自由的整理鍊金術：斷捨離變身金錢魔法，打造心靈 ✕ 空間 ✕ 時間 ✕ 財務自由人生！》）

目次 CONTENTS

第一部

珍惜現時，享受人生，計畫將來
——開始理財之前，先寫下你的夢想

教練，我想要存到錢！

A大覺得，每個人都需要一個理財規畫的安西教練。

電視劇《痞子英雄》中，主角藍西英說過：「**凡事皆有動機，動機有可能被隱藏，但不會消失。**」

就像櫻木花道打籃球的動機，是為了追求赤木晴子。有些時候，我們會需要找個理由來掩蓋自己學理財的動機，尤其是那些不能被旁人知道，或者是不被支持的夢想，例如：偷偷買房搬出去。A大過去就曾面臨這樣的處境，如果你也遇到類似的困境，正進退兩難，A大想跟你說：即便卡關了，也不要輕易放棄追求自己的夢想，唯有你願意默默前進，夢想才可能成真；不努力，就什麼都沒有。只要你願意努力，說不定就會有貴人相助。

從動念到成書，我實際上花了十六年（2006-2022）。在這段期間，我只做了四件事，而且是**持續不斷地做：**
閱讀、寫作、存錢、投資。

A大有一個夢想，希望可以在成大開課，因為成大圖書館是陪伴我一路學理財以來最重要的知識來源，我想從這裡開始對社會有所貢獻。聽說現在大學有開設理財規畫

的課程，如果可以的話，我也希望有朝一日能到大學當講師，用我自己編的講義，讓學生在出社會之前，就學會基本的理財觀念，以及正確的投資觀念，至少要弄懂「該怎麼『存錢投資』才會賺到錢」，這樣以後就不用花錢去買一堆昂貴的課程，甚至是在股市裡繳學費。

由於在存股的路上受到前輩的無私幫助，A 大想把這樣的無私延續下去，於是模仿師傅（A 大是這麼稱呼前輩的）在無名小站寫文的方式，開始在 PTT 回覆文章，並搭配理財規畫的說明，讓提問的鄉民有更加明確的方向，可以朝著他們的理財目標前進。理財路上，我誤打誤撞買了小套房，變成小包租公。回首過去的不懂事，我深深覺得自己太晚開始學習理財，因此希望幫助和我有相似遭遇的人一把，於是努力學寫作，把困難的理財知識，變成容易消化的普通知識。如今又因緣際會變成了專欄作家，正式出版了著作，或許靠著稿費與版稅，我實現夢想的腳步可以再加快一些。

在還沒有辦法到大學開課之前，我試著模仿安德烈‧科斯托蘭尼在《一個投機者的告白》中提到的「咖啡廳投資講座」，從南部起跑，展開了台灣的咖啡廳巡迴講座，分享理財知識給報名的網友。講座內容是我精心規畫的理財知識，以及容易複製的理財手法。會從南部開始辦，是

因為我覺得南部非常少見這類的免費或收費講座。就算有，也是類似直銷模式的理財講座。那時候我沒有什麼名氣，想拉贊助也是困難重重，所以講座的一切都是自己一手包辦。

所有的學習成就，其實大多數都是從模仿加上一點點「新意」開始。舉辦「理財初心者講座」來推廣理財知識，是那時候的我覺得力所能及的方式。相信很多理財新手都**苦於「不知道該從何處開始」**，如果自己看書怕會看不懂，那麼聽演講或講座，也是很好的開始。有問題可以鼓起勇氣在 Q&A 時間問老師，把疑惑在當下就解決，能帶著收穫回家，那就不虛此行了。

這本書，是 A 大結合了務實的理財規畫案例，以及有條理的觀念說明而寫成的。我希望各位能夠從中學習到如何釐清自己的生涯規畫方向、把錢依序擺到正確位置，以及實現夢想的技巧，再進一步搭配資產配置的方法，慢慢地建構出自己的財富大樓，完成所有你想完成的事。

A 大有個投資金句：**定期投資，莫忘風險，閒錢加碼，長期持有，等著領錢**。中華電信是我買進的第一個存股標的，從 2006 年買進持有到現在，最初所採用的方法就是「定期定額『手動』買進零股」，還要精算這個月的 5,000 元可以買幾股。如果你和我當時一樣，沒辦法每個月都買

一張，那麼買零股也可以，畢竟投資要量力而為，有多少錢做多少事。

隨著零股盤中交易的開放，以及金融環境的友善與金融科技的進步，現在，Ａ大終於可以把投資金句改寫為：**定期存錢，不用看盤，自動買股，等著領錢**。這是「薪資有限但穩定」的普通上班族，在這個階段最省事的投資方式。省下來的心力，你就可以在往後的日子裡，設法讓自己的薪水變得「不普通」，這樣才能加快圓夢的速度。如果你的夢想恰好是**「不用工作，且被動收入大於工作收入，達到永遠有錢花的財務自由」**，那麼更應該想辦法讓薪水至少有基本工資的兩倍以上，甚至是把目標拉到基本工資的十倍以上。至於該如何執行，讀完這本書，你就會找到答案。如果你已經在做「自動投資」，那就開始享受無聊的投資生活吧！

Ａ大也想在此提醒，投資虧錢，是眾多新手會苦惱的事，如果你是從自動買進 0050、006208、美股 VT 和 VTI 這類市值／市場型 ETF 開始，或者是萬年牛皮股，**在股市不好的時候「千萬不要停扣」**。縱使血汗錢虧損，讓你的「投資情緒」心如刀割，也請不要因為害怕未知的持續下跌而停止扣款。你需要做的就是鐵石心腸地看待虧損，練就股市崩於前而面不改色的功力。如果還有子彈可以分

批加碼，那又更好，因為你永遠不知道市場何時會翻轉或暴衝。

相互提攜，互為貴人。這是我在陳詩慧老師的臉書上看過的一段話。坦白說，投資理財是一條孤單的路，多數人都在單打獨鬥中跌跌撞撞，有賺有賠，而要找到一個適合的教練其實不容易。如果現階段你還沒有找到自己的教練，也可以找幾位理財觀念相近、能夠教學相長的夥伴結伴同行，一起討論理財投資的實務規畫，相互提攜與成長，成為彼此的貴人。**我也期望這本書能成為你的專屬教練，或是貴人。**

最後，我想感謝安順國中的陳淑粉老師（雖然我成績不好，但一直給我鼓勵）、立德管理學院的余祥雲老師（引導出 A 大想要寫書助人的夢想）、我的摯友也是貴人蘇小姐（幫忙找贊助，舉辦了 A 大的第一場講座）、顏小姐（無私地分享寫作的相關知識）、在我寫作手感不佳時拉我一把的葉氏夫妻，以及幫忙完成這本書的團隊。

謝謝每一位陪我走到出書這一步的鄉民與粉絲，以及未來購買此書一起存到錢的讀者們，在接下來的日子裡，我們一起持續閱讀與學習，一起持續存錢買股、長期持有，一起進步與成長，**把生活過成我們想要的樣子。**

終於把稿子寫完了，來去吃一頓西羅殿牛肉湯加炒牛肉大餐慶祝一下。（註：台南美食並不是二十四小時營業，過了晚上十一點以後，好吃的沒幾家喔！）

—— ameryu. 2022-04-22 # 清晨 05:00 完稿

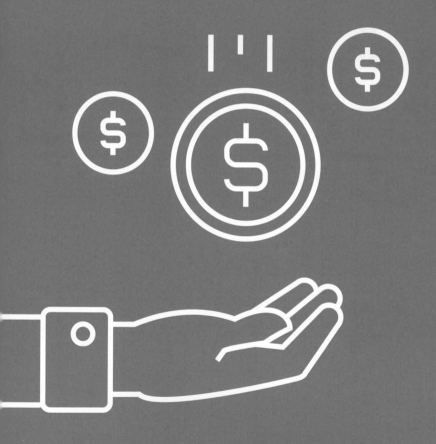

第一部

珍惜現時，享受人生，計畫將來

——開始理財之前，
　先寫下你的夢想

找到別人沒有的本事，
不斷學習，就能扭轉命運

　　藉由這本書，Ａ大希望能讓你學到「這一生不太會缺錢的理財技巧」，並且嘗到懂得理財規畫的好處，希望你闔上書之後，就能開始「享受無聊的投資生活」。不過，在我們進入理財規畫實務之前，有一個觀念請各位務必先記住：**生涯規畫，應當優先於理財規畫。**

　　生活中大部分的理財規畫，都會跟你的生涯規畫有關，例如：想要結婚、成家、買房；想要創造屬於自己的事業；想要進入某間企業上班，賺取更高的年收入；想要進修，取得好學歷，進入好公司，讓年收入提高；想要財務獨立、提早退休……

　　人生是無數抉擇的總和，有很多時候選了一個，就要暫時放棄其他目標，當你對於自己的生涯藍圖有一點概念之後，再來做理財規畫，會比較有方向。

理財規畫的目標，有遠、中、近三個基本層次。在這個階段，A 大建議你拿出紙筆，寫下自己的理財目標，本書所附的「夢想筆記本」就是為你而準備的。就算途中想法改變了，也沒關係，把舊的想法劃掉，再寫上新的就好。

設定理財目標的時候，可以依序列出三個。把你覺得最遙遠、最難實現的擺在第一順位，例如「買房」和「財務自由」。當然，只有寫這樣難免較為模糊，但如果你現在對於細節沒有概念，那就只記錄到這邊就好。記得，把這件事情「懸」在心上，但未必要急著完成。或許也可以等你讀完 A 大的書，再開始動筆。這本書就像一個邀請，**由我帶你手把手地完成自己的生涯與理財規畫。**

你最遙遠的夢想是什麼？

如果是以財務自由、持續有錢可以花為遠期目標，那 A 大要特別提醒，「被動收入＞薪資收入＝財務自由」，這概念其實只對了一半。

我在理財講座上最常問大家的問題是：「假設我現在每個月的薪資是 3 萬，每個月的被動收入也有 3 萬，覺得我這樣可以退休的人，請舉手！」

通常，台下都是一片鴉雀無聲。雖然書上的理論是這麼寫的，但是坦白說，這樣的收入條件，頂多只能讓你維持同樣月薪 3 萬的生活品質，而很多人則認為 3 萬根本不夠用。再者，因為通膨的關係，導致這 3 萬元越來越薄，能夠買的東西越來越少。

若真的要追求財務自由，我建議各位**追求「完全財務自由」，也就是讓「理財收入＞現階段薪資收入的兩倍」。**當你達成之後，不管何時退休，撐到七十五歲都不成問題。因為，在你退休後會有「理財收入的餘裕」可以繼續投資。投資可以生錢，存股可以養老。

有人可能會問：「A 大，如果我對於夢想沒有概念，那該怎麼辦？」

其實現在沒概念也沒關係，A 大建議你一邊讀這本書，一邊思考：自己最遙遠的夢想是什麼？追求財務自由是為了實現什麼樣的理想生活？並記錄在夢想筆記本上。甚至可以考慮把「小時候的夢想」撿回來。

A 大可以偷偷告訴各位我小時候的夢想（請千萬不要笑我），是去迪士尼樂園玩。我一直誤以為迪士尼樂園僅在美國才有，不知道幾歲以後才知道東京也有。我打算在疫情結束，或者台日兩地皆不用隔離之後就去，當成是寫完這本書的獎勵。

第一部
珍惜現時，享受人生，計畫將來

第二部
分配收入，整理財務

第三部
累積財富，創造理財收入

努力提高收入，

練習存下一筆「為數不小的錢」

理財的中期目標，可以是「年收入達到多少」？例如每年 120 萬。為了達成這個目標，你願意付出多少努力來提高收入，又或者願意犧牲掉什麼？透過反向推論，你就能知道，現在應該先完成的「近期目標」是什麼。

如果什麼目標都沒有，那就先存錢吧！金錢若有好好被存下來，不論日後你要做什麼決定，都會有一筆錢可以當靠山，甚至是要創業的時候，也會有本金可以支撐營運。如果你什麼都沒有，那是不是只能任由命運牽著走？

若是你想不到具體的生涯規畫或理財目標，A 大建議先存下「第一桶金：新台幣 100 萬」。我相信只要用心規畫，花個幾年的時間，你一定能存到。

生活萬事離不開錢，人只要還有呼吸，跟金錢就脫離不了關係。如果你真的不知道有什麼目標可以努力，那就一邊存錢，一邊想辦法加薪，提高收入、創造理財收入現金流，設法扭轉目前收入不高的窘境。說不定在存錢的過程中，就會找到你想完成的理財目標。畢竟，人的想法會隨著年紀而改變。

累積專業，為自己打造「別人沒有的本事」

A 大的專長是理財規畫，但偶爾也會幫網友解答職涯上的疑惑。印象最深的一次職涯規畫，是跟「小實」討論實習醫生選擇科別的問題。

當時小實來找 A 大，是想知道如何在三十歲以前存到 200 萬。那時候小實的薪水並不多，每個月可以存下來的金額有限，但是公司提供宿舍，也有供餐，其實開銷很省，而且感情狀態也是單身，沒有什麼娛樂，頂多就是搭公車去吃甜點名店。

小實來聽過 A 大的講座後，某天私訊我，想聊聊接下來的職涯發展。那時我才知道小實是實習醫生，正面臨當住院醫師要選主科別的困擾，對於未來很迷惘。他的老家在桃園，但是在台北工作，以後會不會自己開業也不太確定，只知道現在必須累積足夠的實務經驗，如果沒打算開業的話，也要變成專科醫生，未來才能走得更穩。

的確，「專業」是職涯唯一的生存之道。誠如《先別急著吃棉花糖》書封上的金句：**「成功與失敗的差別，並不光是努力或聰明，關鍵在於擁有『別人沒有的本事』。」**

就像我在理財領域擁有的本事，是以最貼近當事人需

求的方式，有效運用金融市場上提供的工具，幫他們做長遠的理財退休規畫。我認為每個人的財務狀況都是獨一無二的，能夠引導大家為自己做徹底的財務健檢，就是 A 大所擁有的「別人沒有的本事」。

練就本事的過程，你會需要知識、經驗、技術、技巧、方法，最後是熟練度，一回生、二回熟，熟能生巧，並不是每個人都能像日本女演員森川葵一樣擁有「寫輪眼」，能夠輕易地複製別人的專業技能。但是我們可以靠著邊做邊學，來累積經驗的厚度與技術的深度。**知識跟財富一樣，都需要點滴學習，積沙成塔。**

找一份收入不錯，而且真心喜歡的工作

其實小實來找 A 大之前，已經有一些想法，他希望不會一輩子非得綁在大醫院，比較想走基層的科別，於是先列出了家庭醫學科、新陳代謝科（主治：糖尿病）、小兒科等三個選項。

我問他，如果把喜好程度打分數，會給這三個科別打幾分？小實的答案是：家醫科 9 分，新陳代謝科 9 分，小兒科 8 分。

接著我請他再想想，為什麼要選這一科，選擇的理由是什麼？有什麼優缺點？如果選項之間還是難分難捨，我建議他在評分上加上「小數點」來進一步衡量，這個領域確實是自己真心喜歡的，也是**未來想要成長的方向**嗎？

　　小實的爸爸建議，如果考慮收入，新陳代謝科會是不錯的選擇，因為糖尿病患者有年輕化的趨勢，而且都需要長期服藥，不用擔心沒有病患。而小實認為家醫科可以累積更多的經驗，因為病患就是不知道自己的身體怎麼了，所以會先到家醫科看診，再轉至其他科別。至於小兒科，則是小實自己的興趣，雖然難免會擔心少子化影響收入，但是看著小朋友健康快樂的成長，反而很有成就感。

　　最後，小實還是選擇了小兒科，畢竟是自己最喜歡的科別。雖然他選的不是最初心目中分數最高的，但他**運用刪去法，把選擇困難的範圍縮到最小**。

　　小實當上住院醫師沒多久，主動告訴 A 大兩個喜訊，第一個是他順利應徵上某醫院的住院醫師，另一個則是他當初來聽完講座後，設定在三十歲之前要存到 200 萬的目標，居然剛滿二十八歲就達成了，覺得非常開心。

第一部
珍惜現時，享受人生，計畫將來

第二部
分配收入，整理財務

第三部
累積財富，創造理財收入

務實估算，投入時間，讓迷惘撥雲見日

還有一個網友叫小路，他是個常年上大夜班的上班族，工作不太開心，一直想轉換跑道，但不知道下一步該怎麼走。他來找 A 大的時候，內心相當迷惘，因為當時的收入大約只比最低薪資多了 1 萬元，加上所學是窄門技術，發展性不高，可以跳槽的公司太少，而且長年做大夜班身體變差，想改為白天上班的工作。

小路的焦慮，A 大非常懂。領著固定薪資，要有突破性的發展也不容易，再者剛工作沒幾年，存款不多，不知道該怎麼投資，更不知道該如何累積財富，很沒有安全感。

小路前後來找過 A 大兩次，第一次我先幫他做財務健檢，協助他規畫了一筆「亂花基金」，解決了他時常不小心超支、無法達成存錢目標的問題。

小路第二次來找我時，正面臨一個困難的抉擇，他說之前存的那些錢，其實是為了專心準備國考用的。他準備了六個月的實領薪資要來拚，已經快要存到了。他的目標是把工作換成文職的，因為現場技術員的工作已經不堪負荷。只是，他原本打算在兩個月後提離職，沒想到公司卻提出每月加薪 5,000 元，但合約還要再簽兩年，這個月如

果簽約，下個月馬上加薪，不用等原合約走完。小路說，公司來這一招，讓他不知道該怎麼抉擇，想請教 A 大。

對於想轉換領域到公職的朋友，A 大通常抱持贊同態度，畢竟能不能考過是另一回事，最起碼你有嘗試過。李千娜曾在《通靈少女》中說過：「我從不後悔自己做過的事，只後悔那些沒做過的。」A 大的觀念是，**想做什麼就去做，人生不要留下遺憾**。

至於要不要離職，那就需要好好討論了，畢竟加薪 5,000 元，等同一年多 6 萬，若要從股市中每年多賺 6 萬元，你至少需要準備 100 萬的本金。以期望報酬率 6% 來估算，$60,000 \div 0.06 = 1,000,000$。若以報酬率 4% 來估算：$60,000 \div 0.04 = 1,500,000$，則需要 150 萬的本金。

所以認真衡量起來，加薪幅度雖不多，但也不算少。由於小路對於要考哪一種公職尚未有方向，我不建議他直接離職，畢竟他也提到，家裡能給的協助並不多，如果沒工作就是要吃存款了。

A 大建議小路，與其焦慮地準備考試，不如放輕鬆，先給自己半年到一年的時間找目標，看看對於哪一類型的公職感興趣，再去找細節的資料來比較。確立了目標，就能好好分配下班後的時間，研讀相關書籍。簽完新合約的兩年期間，如果認真存錢，會多出 12 萬可以運用，再加

上過去的儲蓄與投資，便能有較充裕的資源來準備考試。

　　《先別急著吃棉花糖》中，有一個讓 A 大受用無窮的觀點：**要預測一個人未來能不能成功，就看他下班後的時間在做些什麼。**如果小路願意把時間花在公職考試上，相信他考過的機會就很大。時間花在哪，成就就會在哪，A 大相信，小路一定能夠找到適合自己的公職並考上。

持續學習，讓財富可以被留在身邊

　　如果你的人生規畫中有個目標叫「財務自由」，我建議從現在就建立「延遲享樂」的概念，以此為基礎，開始學習如何**用未來的理財收入抵掉未來的日常支出。**

　　最簡單的練習，就是從利息錢的收益開始應用，如果我們有一筆 50 萬放在利率 1.1% 的高利活存，每個月的利息收益大概 400 多元，就可以用這筆錢去買書來看。若與人有約，建議多帶一本書赴約，然後提早十到十五分鐘抵達約會地點。

　　A 大從事理財諮詢以來，經常會接觸到高收入的工作者，從他們身上，我觀察到幾個共通的習慣：一是提早抵達約會地點，然後提前去洗手間整理儀容；二是在等待別

第一部
珍惜現時，享受人生，計畫將來

第二部
分配收入，整理財務

第三部
累積財富，創造理財收入

人赴約的片刻，會拿書出來看，A 大也有這個習慣，**善用零碎的時間，持續學習。**

　　各位可能會懷疑，這麼零碎的時間真的能消化一本書嗎？我認為，若能在這短短的片刻，讀到一些很棒的字句，那就值得了。我們必須從茫茫書海中，不斷地獲取知識來充實自己，就算不是讀專業領域的書也沒關係，**重點是你有在持續學習。**

　　我的摯友安娜總監，年收入至少有 300 萬，我們每年秋天都會見一次面，喝杯咖啡，聊聊最近的生活，分享彼此的閱讀心得，她也習慣在等人的時候看書。安娜曾經問過我：「人，為什麼要學理財？」

　　我回答她：「**人，無法『長期』擁有管理不來的財富。**」

　　我通常會推薦理財初學者先練習存下 100 萬，原因在於，如果你可以持續擁有這100 萬，而且沒有不小心花掉，那你至少擁有了駕馭 100 萬的能力。讓財富可以被留在身邊，就不會因為不了解而對投資產生恐懼。

　　Keep learning, keep saving. 這是 A 大的理財金律之一：**持續不斷地學習，不斷地存錢，就有可能改變命運。**

就算是龜速前行，也有機會扭轉命運

除了思考生涯規畫、善用時間，Ａ大還想提醒各位，千萬別拿健康去換錢。你在年輕時怎麼對待你的身體，身體就會在中壯年以後，反過來虐待你。

如果有一天，你無預警的被分手了，或者被生活壓得喘不過氣，想要借酒消愁，請你在安全的地方喝，然後記得離馬桶近一點。或者也許，你是真心真意喜歡上了一個人，但是對方喜歡上你的機率比 0050 漲停的機率還要低，那你就得慢慢放下，或是放棄，學習一個人的自我療癒。

Ａ大的信念是，只要還活著，明天可能就有好事會發生。人生不會一直陷入低潮，人若在低潮、卡關的時候，更應該小心翼翼地慢慢前進，就算是龜速爬行也沒有關係，至少你朝著自己希望成長的方向去走。

Ａ大不太相信所有的事情都是天註定，我相信的是，**你永遠可以透過自己的努力，扭轉命運。**

可能有人想問：「Ａ大，我該如何扭轉命運？」我認為，最簡單的正是以學習理財為主，改變現況為輔。學會理財，真的可以改變命運，Ａ大就是一個活生生的例子。接下來，我會按部就班，帶著你找到最適合自己的理財方式。

> # 存下夢想的種子，
> # 循序漸進地計畫將來

　　若把理財規畫的精髓壓縮到最極限，濃縮成一句口訣，其實只有九個字：**訂目標、排計畫、選工具**。這三點，就是理財規畫的核心架構。

　　目標（需求）：你想完成什麼事？或者，理財需求是什麼？預計何時完成？

　　計畫：有多少時間能夠安排計畫，好讓目標得以逐步完成？

　　工具：有哪些工具可以運用？

　　然後別忘了，Ａ大說過**「生涯規畫，應當優先於理財規畫」**。很多時候，你現階段想做的理財規畫，都跟自己的生涯規畫有關。

　　人生，偶爾會有「前無步、退無路」，前途茫茫渺渺，不知道該往何處走的時候，無法改變現況的無

力感揮之不去。有人說這是撞牆期，Ａ大倒覺得這叫「卡關」。如果你卡關了，不妨先看看別人的故事吧！Ａ大接下來要講兩則故事，都跟生涯規畫有關，我們可以**看著別人的故事，想著自己的心事**。參考別人一步步摸索、解決困境的過程，掌握住大脈絡，再**模仿別人的突破方式**，進一步按照你的個人狀況來微調規畫細節，找到屬於自己的圓夢方式。

小雪的故事：
你的夢想，肯定和「錢」脫離不了關係

第一個要分享的，是小雪的故事。Ａ大會認識小雪，是因為 2017 年在台南丹堤辦咖啡廳講座時，她是最早到，也是最晚走的。講座後的 Q&A 時間，她都在一旁靜靜地聽著，等到大家都走了，她才來找我提問。不知道後續該怎麼做，「問」就是解決困擾的方式之一。在還沒有 Google map 導航的年代，路，是問出來的，而自己的理財之路，也能藉由提問來找到方向。

「大哥，我有個問題，可能會占用您一點時間，可以嗎？」

我看了一下時間，回答她：「可以的，只要妳趕車來得及就好。」

「您在 PTT 分享過『投資自己』的概念，我看完之後，也想投資自己、提升專業，但目前面臨的難處是，護理人員在台灣有個薪資天花板，如果想要更好的待遇，只能到國外工作……我想去美國念專業的護理學校，這算是我求學時期的夢想，只是因為家裡沒辦法，所以我只能靠自己。若要出國讀書兩年，我粗估總花費要 300 萬。我看了大哥的文章，從月光族開始存到現在，只存了 30 萬，接下來就不知道該怎麼做了。」小雪滿面愁容地說著。

人生中，大部分的夢想都跟錢脫離不了關係。像 A 大的夢想就是買一間屬於自己的房子，雖然這個已經完成了，但為了更好的生活品質，我還想再買一間透天厝。說真的，我超級佩服小雪願意存 300 萬出國讀書，換作是我，一定毫不考慮地把 300 萬拿去付透天厝的頭期款。但是，我會提醒自己「先求有，再求好」，**想直接攻頂之前，要先衡量自己的負擔能力**，這是 A 大的理財金律之一。

A 大的處事原則是，既然要出手相助，那就要幫到某個程度，不然乾脆不要幫，因為半途抽手，反而有可能讓當事人完全失去方向。我怕小雪回到高雄會太晚，所以先用理財規畫三步驟的「九字訣」來引導她。

理財規畫九字訣：
訂目標、排計畫、選工具

小雪的圓夢需求金額是 300 萬，預定在 2021 的年底出發，因爲辛苦錢存來不易，害怕虧損，所以她希望採用定存的方式來儲蓄。釐清需求以後，小雪的理財規畫就有了基本骨架：

目標：存到學費 300 萬

計畫：預計 2021 年的年底出國念書

工具：用「定存」來儲蓄

有了大脈絡，接下來再描繪規畫細節，也就是 A 大常說的「解壓縮」。

小雪目前存到的 30 萬，先列爲現階段的「緊急備用金」。通常緊急備用金只要大於六個月的實領薪資就很夠用，這是一筆**不管發生什麼事，都能夠在第一時間接手照顧你的錢**，除了能保護自己，還能預防突然失業時收入中斷，或臨時需要用錢。扣除備用金之後，小雪等於是「從零開始」存留學基金。

第一部
珍惜現時，享受人生，計畫將來

第二部
分配收入，整理財務

第三部
累積財富，創造理財收入

A 大建議她出國後把 30 萬備用金留在台灣，支付台灣的商業保險費和需要持續繳納的稅金，或是其他需要使用台幣的地方。到了美國，還要多準備一筆「海外緊急備用金」，額度大約是一張頭等艙機票的錢，加上從居住地搭計程車到機場的費用。因爲你永遠不知道自己何時會需要臨時返台。這筆錢可以讓你馬上回台灣，萬一生病了，也不需過度擔心醫藥費。

$ 實戰策略：
把留學基金分割成很多筆小錢

　　有了備用金，接著要安排「留學基金的存錢計畫」。300 萬看起來是一筆大錢，但是當我們把它分割成很多筆小錢之後，處理起來就會容易許多。

　　首先，要根據自己能夠存錢的時間，來估算在理想的狀況下，每個月平均要存多少錢。可以把時間軸畫出來參考，避免算錯。距離 2021 年的 12 月，小雪一共有四十八個月可以存錢。用最簡單的分式來計算，就能推估每個月理論上要存 62,500 元。

圖表 1-1　留學基金的存錢時間軸

第一部
珍惜現時，享受人生，計畫將來

第二部
分配收入，整理財務

第三部
累積財富，創造理財收入

$$\frac{需求金額\,300\,萬}{存款時間\,48\,個月} = 6.25\,萬（平均每個月要存的金額）$$

　　小雪告訴我，目前每個月再加上外快，最多可以存 55,000 左右，不過網拍的收益不太穩定，很難估算，於是我建議她先從一個月 5 萬開始嘗試，並且提供備案：萬一最後沒有存到 300 萬，若金額差距不大，還可以去台灣銀行申請教育部的留學貸款，或者晚一年出國，這樣要存到 300 萬會比較輕鬆。原則上，**存錢不要有壓力，反而會比較容易達成**。

(S)　實戰策略：
美金定期換匯，直接定存一年

　　出發前，最重要的就是「準備錢」，因此換匯策略也是重要的一環。由於小雪要用美金來支付學費與生活費，而我們無從預料未來美金匯率會不會狂飆到 31 或 32，又

或是掉到 28.8 以下，在無法預測匯率走勢的情況下，採用定期換匯，就能自動平均掉美金的換匯成本。

我建議她每個月固定換 1,000 美元，然後直接轉美金定存一年。這是在完全沒有投資的情況下，最好的資金處理方式。每個月存一筆美金定存，一年以後每個月就會多收到一筆利息。假設從美金比台幣 1：30 開始換，而美金匯率一路向下，低點未知，依然只要按月定期換匯，成本就會慢慢變低。若想要多買，也可以半年或一年加碼一次。請謹記這個理財金律：**困難複雜的事簡單做，簡單的事情重複做，你就能獲得「吃飽閒閒」**。

圖表 1-2　定期換匯的平均成本計算

固定換美金	匯率	折合新台幣	累積美金金額	累積投入金額	平均成本
1,000	30.000	30,000	1,000	30,000	30.000
1,000	29.500	29,500	2,000	59,500	29.750
1,000	29.000	29,000	3,000	88,500	29.500
1,000	29.250	29,250	4,000	117,750	29.438

$$\frac{累積投入金額}{累積美金金額}＝美金的平均成本$$

第一部
珍惜現時，享受人生，計畫將來

第二部
分配收入，整理財務

第三部
累積財富，創造理財收入

$ **實戰策略：**

沒用到的台幣每月轉定存，多賺點利息錢

至於沒用到的台幣，我建議小雪，**若不投資股票，那就直接轉定存**，時間設定為一年，計息方式選固定利率。她可以把台銀帳戶專門用來存留學基金，利息會自動轉入戶頭，台幣的就發放到台幣帳戶，美金的利息也會自動轉入外幣帳戶。重點是，**別讓「短期閒錢」在傳統活存裡面閒閒沒事做**。

$ **實戰策略：**

預估留學期間的開銷

接下來，我跟小雪仔細討論在美國念書的開銷，確認300 萬的留學基金是否能撐到畢業。我把講座上提到，可以用來做自我財務健檢的「三點一分配法」用平板秀給她看，檢視各占 30%、30%、30%、10% 的財務區塊。

圖表 1-3　三點一理財法的基本骨架

30%	儲蓄	債務 信用卡	儲蓄 投資	投資 自己	孝親 毛小孩
30%	居住	房租 車位	房貸 自住宅	水電	連帶 隱性
30%	生活	三餐 服裝	通訊 娛樂	交通 運動	日用品 處方箋
10%	稅金 保險	年度支出・列表			維護
		稅金	保險	保養	意外

註：「連帶」是指維持一個家庭的連帶支出，例如瓦斯、天然氣、管理費、網路費、影音訂閱等；「隱性」則是居家生活的消耗品支出，例如電器、冰箱、馬桶的維修；年度支出的「保養」項目，是指人、車、房的保養（例如重上防水漆）；「維護」是指維持私人用品的正常運作，如手機或筆電電池換新、眼鏡更新等，依個人情況而定；「意外」則是突發的修理費用，例如車輪消風、手機摔破螢幕、家電故障，都屬意外支出的一環。

　　由於小雪是吃老本的狀態，所以略過圖表中占 30% 的「儲蓄」，只檢視其他部分。她起初是從部落客的分享來粗估留學的預算：一學期的學費和學生保險費大約

第一部
珍惜現時，享受人生，計畫將來

第二部
分配收入，整理財務

第三部
累積財富，創造理財收入

17,000 美元；因爲要打工，所以不住學校宿舍而是在外租屋，租金約 550 美元；水電粗估一個月 50 美元；餐費暫抓 500；手機門號月租費 40；交通月票大約 100；日用品先估 100 美元一個月，如果沒用完可以拿來補貼餐費。

　　再來，就把這些金額換算成「年支出」並加總。從下表看來，準備 300 萬，也就是 10 萬美元，基本上夠用。（通常以 1：30 來估算美金匯率）。但 A 大提醒小雪，要留意持續發生的通貨膨脹，如果四年後物價改變了，就要把這張表重寫一遍，才能提早因應可能的資金缺口，原則上，要採用「邊走邊調整」的方式來完成自己的夢想。

圖表 1-4　留學開銷的年支出加總

兩個學期的學費	34,000
住宿一年份	7,200
餐費一年份	6,000
手機門號一年份	480
交通月票一年份	1,200
日用品一年份	1,200
加總	50,080

$ 實戰技巧：
用筆記本寫下存錢進度

　　接下來，還有一些功課要做。A 大建議小雪準備一個 26 孔活頁夾，搭配 26 孔橫式筆記紙，專門用來記錄與夢想有關的事。**當腦袋沒辦法一口氣處理太多細節，筆記本就是個好幫手**。有時候寫了一個開頭，後面可能還會持續追加新資料，尤其在靈光乍現的時候，我們會接連寫下許多想法。善用活頁本，就能持續穿插新找到的資料，以及想要追加的筆記。

　　可以**把現有的想法和已知的待辦事項**先記錄下來，然後在 26 孔活頁夾放入「分類隔板」，就像本書右側的章節索引，把筆記分隔成四區：存錢計畫、出國前、出國後、特別注意事項。然後再逐一記錄每個大分類底下的小事項，一步一步完成。執行過程中，也可以調整活頁紙的順序，重新安排事情完成的優先程度。還有，開始存錢之後，最好用表格來逐筆記錄儲蓄進度。每個月寫下幾筆資料，會增強自己的信心。如果是從 12 月開始存錢，那就從 12 月開始記錄，前面留白沒關係。多出來的空白可以用來貼便利貼，或是加註其他資訊。若是想用電子檔記錄也無妨，只要用起來方便、有踏實感，就是好的方式。

本書所附的「夢想筆記本」也提供了空白表格，讓你記錄自己的存錢之路，Ａ大想邀請各位比照我建議小雪的方式來進行。如果你覺得筆記本的空白篇幅不夠寫，也可以影印所需頁面，再黏貼到 26 孔筆記紙上來使用。另外，你還可以設定一個時間點，提醒自己檢視存錢進度。通常會建議在 12 月領薪日之後，理由是過完了一整年，可以確認存錢進度是否有落後，也順便想想有沒有新的年度計畫，一起記錄在筆記本上。另一個時間點則是領到年終獎金的時候，如果存錢進度落後，那就要去找原因，看是不是有意外的分期開銷。甚至，你也可以把生日的前一個月設定為檢視進度的日子，因為這還包含著另一層意義，讓你**學會善待自己**。

寫下存錢進度的方法看似平凡，但是每一筆紀錄，都代表我們距離夢想又更近了一步。Ａ大當初在存頭期款的時候，也採用了這樣的方式。我每個月存 7,000 元，每三個月存一筆 2 萬元的定存，只要有順利存到錢，就把當月的存款金額寫在上面，等到格子填滿，就是美夢成真的日子。當年我都是 2 萬存一張定存，一共有十張，只是解約的時候，郵局把定存單都收回去了。為了回憶當年走過的這段路，我又存了一筆僅有一個月的 1 萬元定存，留下定存單作為紀念。

圖 1-5　A 大的圓夢紀念定存單（示意圖）

$ 實戰技巧：
善待內心的小孩，給自己階段性獎勵

　　站在存錢的起點，望著遙遠的終點，若說沒有無力感，那都是騙人的。為了避免被存錢速度緩慢的無力感打擊信心，不妨在存錢歷程中設定幾個獎勵點。小雪說她的生日在 7 月，那第一個獎勵點不妨設定為生日，而每年 6 月的時候，就可以開始想想要怎麼為自己慶祝。買個小東西給自己，或是好好吃一頓，預算拿捏好且方式不拘，但一定要讓自己感到快樂、紓壓。由於我們是從零開始，最好適當地給自己一些階段性的期待，這樣才有動力撐到夢想成真的那一天。

你現在所存下的每一塊錢，都是夢想的種子

　　幾年過去，後來我再次跟小雪聯絡上，是因為要去高雄開講座。她一開口就說：「A 大我要謝謝您。」我常常都會被感謝的一頭霧水，於是反問小雪為何這麼說。她回答：「我本來預計會在聖誕節存到 250 萬，但因為家裡陸續出了點事，前後拿了 70 萬左右去支援。如果不是 A 大

告訴我存錢的步驟與概念，還有備用金有時不一定是為自己而存的觀念，我大概也沒辦法存到那麼多錢。雖然存款被用掉了 70 萬左右，但我至少還能保有 150 萬的夢想基金。」

小雪繼續說：「因為新冠疫情的影響，我打算晚一點出國，順便再多存一點，於是先在台灣考了護理研究所，結果才付完學費，家裡就剛好需要用錢。如果過去沒有好好按月存錢，我一定會很煩惱這筆錢要從哪裡來，說不定會跑去借信貸。但是有了存款，我就不會煩惱、焦慮，這份踏實和安全感，真的是用錢買不到的。A 大，很謝謝您願意在 PTT CFP（理財規畫）板無私地分享理財知識與經驗，也很謝謝您願意辦咖啡廳講座。我覺得今生最受用的一句話，是您在講座上說過的：**你現在所存下的每一塊錢，都是夢想的種子。**」

常言道，計畫趕不上變化，在追逐人生夢想的路上，難免會有阻礙與絆腳石，或是本來就要背負的責任，必須分神處理。但是換個角度看，這些都只是你生命旅程中的「支線任務」。停下來處理完支線任務後，記得再回到主線任務，繼續我們未完成的夢想。

阿德的故事：
就算靈魂支離破碎，夢想仍在

A 大要分享的第二個案例，是我的朋友阿德買房的歷程。買房是很多人的夢想，每個想買房的人，背後總會有一些故事。

阿德從青少年時期就跟家人處不來，家人老是叫他滾出去，所以他很年輕的時候就一直想著要買房。有了房子，就算沒有老家可以回，至少自己還有一個窩。

把夢想用紙筆記錄下來，這方法聽起來好像不太高明，卻能讓你一步步扎實地前進。

阿德的皮包裡有一張便利貼，看起來已經非常破舊，我想應該是經常翻閱而嚴重磨損，他給我看過一次，上面只寫著「在三十歲以前買一間自己的房子」。

理財致富沒有捷徑，只有一步一腳印。想要一步登天是人之常情，但真實的狀況是，你每次大概只能前進五公分。這是 A 大跟阿德的體悟，我們沒有什麼華麗的理財技巧，只有踏實的存錢方式與投資步驟。阿德當時所使用的技巧只有一招，叫「循環式定存」。你真的沒看錯，阿德展現了驚人的意志力，每個月都死命地把錢拿去定存，

第一部
珍惜現時，享受人生，計畫將來

第二部
分配收入，整理財務

第三部
累積財富，創造理財收入

然後在二十七歲的時候買了房子。他為了省錢，原本想戒菸，但是後來發現真的很難戒，最後他規定自己一天只能抽十六根，每個小時最多一根。在一個微醺的夜晚，戒菸失敗的阿德說「哥抽的不是菸，是寂寞……」，其實我蠻想給他巴下去的。

聽了小雪和阿德的故事，Ａ大想請你暫時闔上書，想一想，為了實現夢想或達成理想的生活境界，你願意做些什麼？

把夢想轉換成許多個小步驟

當我們有一個遠大的夢想，通常會想一口氣快速達成，但真正開始執行時，往往會有很多阻礙，讓人感到無力。與其讓自己在無力感中無限輪迴，倒不如想想現階段還有什麼力所能及的事。

Ａ大的信念是，如果完成一個夢想需要三千六百個步驟，那就務實地去想，該如何一步一腳印去完成。就算一天或一週只能完成一個步驟，也要默默前進。畢竟這是自己的選擇，選好了就不要後悔。

如果一個大目標很難達成，我們可以把目標分成好幾

個大階段，再把每一個大階段分割成許多小步驟。一次只完成一個步驟，以這樣的生活節奏來完成夢想就好。

關於夢想筆記本，Ａ大從小到大已經寫過好幾本。神奇的是，用電子檔記錄的很容易不了了之，反而是用紙筆記錄下來的，被實現的機率比較高。曾經，Ａ大也搞不懂這兩種作法的差異，直到我讀了《萬一吃了棉花糖》，才發現這種作法並非毫無根據。

書上提到：「能夠在腦袋裡有個目標是非常棒的事，哈佛大學有個研究發現，有目標但沒有把它用紙筆寫下的畢業生，他們的收入會比完全沒目標的畢業生高出兩倍，但是有3%的畢業生不但有清楚的目標，而且還把它以白紙黑字寫下來，這些人的收入則會比其他97%的人平均高了十倍之多。」

拚夢想的路上，別一股腦地往前衝，忘了照顧自己的心。人在奮鬥的過程中，最消耗的往往是靈魂深處的動力，如果心裡沒電了，很容易陷入停滯期。這時候一定要想想最古老的諺語：「休息，是為了走更長遠的路。」如果不敢休息太久，至少要給自己一點獎勵，告訴自己「你做得很棒」！不一定要花大錢，重點是讓心靈得到滿足，創造出療癒的感覺。身體表面的傷痕可以敷藥治療，但是靈魂的過度消耗，就算吃十全大補丸也不見得能補回來。

追逐夢想的過程中，我們常會遇到現實與欲望天秤的考驗，面對自己很想要的東西，可能會失心瘋的買下去，但是若有一個等待實現的大目標在眼前，往往就能在取捨之間找到平衡點。**為了實現夢想，你願意付出些什麼，犧牲掉什麼？**——光是這一句話，就足以讓你改變決定，做出最好的選擇。**現在放棄這個並不是我買不起，而是有更遠大的夢想等著我去實現，所以才放棄當下的欲望。**

你願意為了夢想付出什麼代價？

夢想大致上有兩種，一種是具有時效性的，另一種是就算花一輩子的時間也要努力完成的。

A 大之所以願意無條件幫忙小雪，其實是將心比心。這說起來有點心酸，是我不太願意提起的過去。二十多年前，A 大想去念大學，但是家人並不支持，當時我只能半工半讀，勉強維持生計，努力用好成績賺取獎學金，同時也去辦學貸來完成學業。事後回想，比起經濟上的辛苦，家人的態度反而更讓人難過。

有時我會想，如果在那個時候，有人可以教我一些簡單且正確的理財觀念，是不是就能少賠一點錢，然後有多

的頭期款可以買大一點的房子？說不定，我現在就能賺得更多？

「夢想這條路，就算是用爬的前進，也要努力走完」。你的夢想可能有很多個，但是別忘了，很多時候，我們一次只能實現一個。人生當然會卡關，但就算卡關也要努力往前，這不是爲了別人，而是爲了成就更好的自己。

A 大特別想分享日本漫畫《鋼之鍊金術師》中的一段話：「人不付出犧牲，就無法得到任何回報。如果想要得到什麼，就必須付出同等的代價，那就是鍊金術中所說的等價交換原則。」人生中，能夠不勞而獲的事情不會太多，我們大多需要經過一番努力，才能有所收穫。

追求專業，萬般皆可能

就算不被理解，或是被嘲笑了，旁人的閒言閒語左耳進右耳出就好。好比我們在準備考試，就有那種嘴巴很臭的人會說，不用念了啦，你考不上的。A 大知道你會很想給他一拳，但是最好的反擊，就是用你未來的成就去打腫他的臉。如果這種人是你的家人，在無法切割關係的情況下，就遠離他們吧！

然後，請務必去找到願意支持你夢想的人，就算他們無法給你實質上的幫助，但至少願意花時間傾聽你的夢想，討論接下來的可能性。你應該跟這樣的人多多接觸，他們會讓你知道**你不是孤單一個人**，最起碼你還有一起追夢的夥伴。

　　至於 A 大為何會努力賺錢，其實是因為我有一個小小的心願，希望可以建構一條理財收入現金流，每個月供應 5 萬元，讓我可以安心的去讀成大研究所，當個兩年全職研究生，再努力爭取到大學當理財教育學程的講師，教大學生理財。

　　完成這本書之前，我一直很介意自己本業是製造重機零件的黑手師傅，由於還要身兼送貨、搬貨的司機，常被誤認為黑貓宅急便的物流士。兩者其實還是有差異的，但解釋太多好像也沒用。

　　現在回頭想想，A 大出版這本書，絕對會是一個指標性的存在。畢竟，傳產的送貨司機在銀行眼中的社會階級並不高，像我這樣學歷不好、工作資歷不漂亮的普通上班族，都能透過努力成就專業，寫完一本書，那你說，還有什麼是不可能的？

無論什麼出身，
我們都可以變成斜槓英雄

　　Ａ大在大學念的是資工系，會跑到傳產工作，是因為當時「只要願意打拚，人人都有機會開工廠當老闆」的社會氛圍。至於Ａ大算不算是入錯行呢？我想這很難說，因為當送貨司機能接觸到很多人，讓我從不同的角度去看這個世界。我認為，不管你過去如何，經歷什麼，學過什麼，**只要你願意，也有心，不管幾歲，人人都可以成為斜槓英雄。重點是「現在」。**

　　在實踐夢想的路上，還有一件事別忘了：**不要停止學習。**直到現在，Ａ大依然覺得自己懂的並不多，即使讀過的書都已經不知道是自己身高的幾倍，我還是會想辦法持續學習自己所不熟悉、不知道的知識。

　　請記得，我們現在所做的努力，都是為了成就更好的自己，活成心中想要的樣子。

第一部
珍惜現時，享受人生，計畫將來

第二部
分配收入，整理財務

第三部
累積財富，創造理財收入

實現夢想的八個關鍵技巧

　　成功，僅需兩步，第一步「開始」，第二步「堅持」，夢想亦是。

　　人生很難每件事都盡如人意，但你可以想想，現在的自己可以做些什麼，好讓未來的夢想成眞？請把你所想到的，逐一寫在夢想筆記本上。

　　Ａ大認爲，實現夢想的路上，有八個關鍵技巧：

①**決定目標**：你因爲什麼動機想理財？你想在現在與
　　未來完成什麼事？

②**預估金額**：完成這個目標「大概」需要多少錢？

③**訂時間表**：排時間表與流程，以及立下你想完成目
　　標的時間點。

④**安排計畫**：你的實踐與行動策略是什麼？欠缺的部
　　分要如何補足？

⑤**選擇工具**：你打算用什麼投資理財工具，並搭配什
　　麼知識與投資策略來達成目標？

⑥**維持紀律**：你會用什麼方法，幫助自己有紀律地將
　　不足的部分補足？

⑦**檢視進度**：與自己約定好，多久要檢視一次進度？
　　請記得，在檢視進度的同時，也要適時地犒賞自己
　　一下。

⑧**隨時修正**：當你發現進度落後，或是執行不順，有
　　什麼方法可以求救、修正？

　　這本書會幫助你以循序漸進的方式，找到這八個關鍵技巧中的問題答案，確立自己理財規畫的目標、計畫與工具。Ａ大想要跟各位說，**不要輕易放棄自己的夢想，現在辦不到，並不代表未來的你辦不到**。唯一能夠澆熄夢想的，是那個提早說放棄的自己。追夢的原則，就是至少要多嘗試幾次，就算失敗，至少曾經奮力一搏。若是時間和經濟上允許，那就大膽去做吧！不要害怕會失敗，年輕就這麼一次，不要讓自己後悔。所謂的夢想，就是不管花多久的時間，也要努力去完成的事。

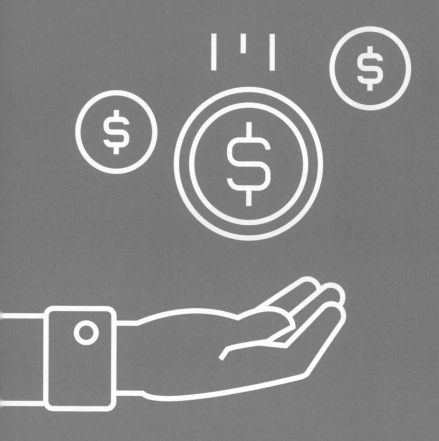

第二部

分配收入，
整理財務

— 存錢，
　 是理財的防禦工事

現在「辦不到」，並不代表未來「辦不到」

現在「辦不到」，並不代表未來「辦不到」。

這句話是支持我一路走來，堅持不懈的寫書信念。現在出不了書，可能是我太弱了，知識高度還不到專業的水平，但是，這並不代表我不會成長，也不代表未來出不了書。像劉墉、侯文詠一樣寫書賺錢，曾是我人生的夢想之一，如果各位看到這本書問世，那就代表 A 大的美夢之一成真了。

你可以比照這個句子的結構，自行替換引號中的詞，改寫成鼓勵自己的話語，甚至是引導自己人生方向的金句。例如：現在考不上研究所，並不代表未來考不上。

現在「存不到錢」，
並不代表未來「存不到錢」

　　根據 A 大接觸到的理財諮詢案例，上班族會存不到錢，多數是因為還沒找到適合自己的方法，以及尚未建立良好的理財習慣。如果你想要變有錢，就必須先學會存錢。這並不難，你只需要在理財手法上做一點小改變。

　　存不到錢，最常見的困擾就是「不知道錢花到哪裡去」。有九成九的書都會告訴你「要記帳」，才能知道錢是怎麼被花掉的、現金流是怎麼跑的。但也有人說，記帳根本是浪費生命，我沒空跟一堆數字搏鬥，不僅浪費時間，還會殺死一堆腦細胞，萬一沒記到帳，事後還要去回想，豈不是更浪費我追劇嗑零食的時間？

不想記帳，就先學會「列帳」，
把你的錢好好分類

　　A 大建議，如果不想記帳，就要學會「列帳」：**條列自己的生活基本支出，並且在領到薪水的當天，就把「錢」**

第一部
珍惜現時，享受人生，計畫將來

第二部
分配收入，整理財務

第三部
累積財富，創造理財收入

分類得一清二楚，做好分配與儲備。大家都看過日本漫畫《航海王》吧？我常用一個比喻，來說明如何把金錢分類：

如果你想從台灣本島搭船航行到夏威夷群島，該怎麼分配自己在海上的糧食與儲水？你要如何確保自己不會在海上餓死？就算海中有魚可以捕撈，你至少也要有捕魚工具和廚具吧？

航向下個月的發薪日之前，我們該如何好好照顧自己？首先，你要學會把錢分類，一部分是給現在的自己花的，另一部分則是要留給未來的自己。現在要花的叫「生活費」，未來要花的叫「儲備」。

把「生活、儲蓄、投資」分開，採用最踏實的「暴力存錢法」

拿到薪水後的第一件事，不是去吃大餐犒賞自己，而是先確保收入的一部分可以留起來，並且去做一點規畫，像是為「儲蓄」與「投資」設立專款專用的帳戶。等到未來的自己在某一天有需求時，就有錢可以運用。

「請問你每個月的生活費大概是多少？」A 大對理財初學者提出這個問題的時候，很多人都會「當機」，因為

心中眞的完全沒有概念，想學習分配收入，卻連自己每個月的生活費是多少都不曉得。

我每個月到底要存多少才夠？關於這個問題，A大先告訴你一個祕訣：「存錢不要有壓力。」然後要學會跟自己對話，評估自己的存錢能力。就算現在收入不多，甚至低於基本工資也沒關係，重點在於，**你願意爲自己設想，把錢留給未來的自己，這就是一個好的開始。**

比較務實的方法是，自己決定一個內心深處可以接受的金額，開始進行「測試」：一拿到薪水就把金錢分配好，把「要存起來的錢」放在一個不會輕易動用的地方，讓自己每個月可花用的錢比薪水還要少，學會習慣沒有這筆錢的生活，想辦法過完這個月，直到下一個發薪日。你一開始可能會不太適應，但是要慢慢習慣，等到上手了以後，就能開始實踐「習慣致富」的生活了。

強迫自己每個月都存下一筆錢，是A大認爲最踏實有效的「暴力存錢法」，執行流程有四個步驟。**開始進行之前，請你先準備好薪資轉帳戶、生活費帳戶、儲蓄與投資專用帳戶等三個戶頭。**接下來，就是拿到薪水後的「第一個步驟」。

$ 暴力存錢法 Step 1：
先決定「預計要把多少錢轉到儲蓄專用帳戶」

這個步驟超級重要，千萬別小看。 A 大就是靠這招存到錢買了房子。如果你還沒決定好，沒關係，A 大會等你一下。還沒想出來之前，建議暫時別往下一個步驟前進。

你可能會問：「A 大，我真的完全沒有概念，怎麼辦？」

最簡單的方式就是參考專家曾提出的理論、方法。在此先推薦三個可參考的方法，再來分享實例。

方法① 存下月收入的 10%：這是《讓錢為你工作的自動理財法》作者大衛・巴哈提出的觀念，建議從存下月收入的 10% 開始，逐步往上調整到自己沒有壓力的金額。

方法② 存下月收入的三分之一：以月收入的三分之一為存錢目標，可以為日後買房做準備。貸款月繳金額不宜超過月收入的三分之一，是許多買房專家的建議。

方法③ 用月收入的一半來生活，另一半儲蓄起來：這是《生活簡單就是享受》作者愛琳・詹姆絲提出的觀念，也是 A 大在理財新手時期曾試過的方法。

三個方法，總結起來就是「設法拉高自己的儲蓄率」。

A 大在十六歲左右就想過買房，但是當時打工的時薪很低，一小時大約 60 元（不過那已經是 1996 年的事了）。

後來，A 大在二十四歲開始真正接觸理財，先參考上述的方法③，存下月收入的一半，用另一半的錢來過生活。可是沒多久，我就發現根本撐不到下一個發薪日。

當時我也沒有記帳，只是把半個月的薪水都帶在身上，然後自然地花用，沒錢了就去郵局 ATM 領錢。其實這是不太好的習慣，加上我沒有把儲蓄和生活費的帳戶分開，就這麼自然地花用，也就很自然地吃掉了儲蓄。

我想修正自己的理財習慣，於是重新思考了在月初就把金錢依不同用途、放入不同信封的「信封理財法」，據此來區分我的銀行帳戶。既然方法③行不通，那就套用方法②，存下月收入的三分之一。因為我想要買房，正好也早點開始練習正在繳貸款的理財模式。

起初我並沒有自信能存到頭期款，畢竟當年一間 2、3 百萬的公寓，頭期款至少也要 60 到 90 萬，這金額對我來說有點龐大，所以就心想順其自然，如果真的買不到房子，不妨先租便宜的。早期薪水都是領現金，當時 A 大的月收入僅有 21,000 元，我領到薪水，就先從薪水的信封袋裡拆分 7,000 元出來，放進另一個綠色信封，跟郵局存摺放在一起，然後隔天中午花五分鐘嗑掉一個便當，再去郵局排隊存錢；再來就是每三個月存一筆 2 萬元的定存。

至於剩下的三分之二，我是這樣分配的：每個禮拜一

從薪水的信封袋取 2,000 元出來用，這招叫做「以週為單位的信封理財法」。一個月最多會碰到五個禮拜一，分配剩餘後，我大概還有 4,000 元可以運用。

那時候我住在家裡，但是在外面還跟大學同學分租一間小雅房來打線上遊戲，因為我覺得每天去網咖花 150 元太貴了。房租含水電一個月大約是 3,000 元，剩下的 1,000 元剛好可以支付手機月租費，還有機車換機油的費用。

我上班工作、下班打電動、等待《RO 仙境傳說》的 BOSS 復活時間的空檔，就念書準備考試或是看理財書。那時生活很簡單，每個月的帳單只有一筆手機月租費；租屋則是固定開銷，我領到薪水的時候就會趕快付給同學，這樣就不會花過頭，錢也就自然被存下來了。**用剩餘的薪水來過生活，算是一種自然理財法，不需要認真記帳也能存到錢**，推薦給大家試看看，不需要特別的紀律就能執行。

⑤ 暴力存錢法 Step 2：在「月初／剛領薪水」的時候就把帳單付清

在這個步驟，請花點時間想一下，每個月有多少帳單等著你去繳？別忘了還有年度支出，像是所得稅、機車燃料稅和機車保險費等，搭配年度支出列表（圖表 2-1），以及

三點一理財法記帳表（圖表 2-2）來徹底檢視，就能讓你輕鬆理財。每個月的發薪日，請練習檢視這個月有沒有確定的支出和額外支出，例如：情侶紀念日、重要節慶、汽機車保險費、親友生日賀禮、婚禮紅包、畢旅（看完本書後的「畢業」旅行）。

第一部
珍惜現時，享受人生，計畫將來

第二部
分配收入，整理財務

第三部
累積財富，創造理財收入

圖表 2-1　個人年度支出列表

	各月份支出			各月份支出
一月	□・＿＿＿＿ □・＿＿＿＿ □・＿＿＿＿	七月		□・汽燃稅：＿＿＿ □・機燃稅：＿＿＿ □・＿＿＿＿
二月	□・＿＿＿＿ □・＿＿＿＿ □・＿＿＿＿	八月		□・＿＿＿＿ □・＿＿＿＿ □・＿＿＿＿
三月	□・＿＿＿＿ □・＿＿＿＿ □・＿＿＿＿	九月		□・＿＿＿＿ □・＿＿＿＿
四月	□・牌照稅：＿＿＿ □・＿＿＿＿ □・＿＿＿＿	十月		□・＿＿＿＿ □・＿＿＿＿ □・＿＿＿＿
五月	□・房屋稅：＿＿＿ □・綜所稅：＿＿＿ □・＿＿＿＿	十一月		□・地價稅：＿＿＿ □・＿＿＿＿ □・＿＿＿＿
六月	□・＿＿＿＿ □・＿＿＿＿ □・＿＿＿＿	十二月		□・＿＿＿＿ □・＿＿＿＿ □・＿＿＿＿

圖表 2-2　三點一理財法記帳表

儲蓄／債務		居住	
債務		房租	
信用卡		房貸（＿＿年）	
固定儲蓄		水費（平均金額）	
固定投資		電費（平均金額）	
投資自己		瓦斯／天然氣	
旅行支出		管理費	
孝親費（住外面）		收視費（第四台）	
寵物支出		網路訂閱	
固定捐款		家用電話	
		家用網路	
		停車位租金（家）	
		停車格管理費	
		孝親費（住家裡）	
生活		**稅金&保險**	**月攤提**
餐費		綜合所得稅	
交通費		人身保險費	
交通費（返鄉）		牌照稅	
通信費		燃料稅	
日常用品		汽車保險費	
運動		機車保險費	
娛樂		房屋稅	
服裝費		地價稅	
美容（美髮）		火災險保費	
美容（保養）		地震險保費	
雜支		車輛保養	
意外支出		婚、喜、慶、賀禮	
工作車位		年節紅包	
車輛美容		保養品	
醫療保健支出		儲蓄險	
		其他	

第一部
珍惜現時，享受人生，計畫將來

第二部
分配收入，整理財務

第三部
累積財富，創造理財收入

ⓢ 暴力存錢法 Step 3：
發零用錢給自己，安排生活費的花用

A 大小時候，總會羨慕有錢人家的小孩有零用錢可以花。零用錢可能有日領（包含早餐錢）、週領（一個星期的吃飯錢）、月領（一整個月的生活費）等方式。很微妙的是，學校並不會特別開課教我們怎麼分配零用錢，大部分的人都是靠著原生家庭給的理財觀念來支配零用錢。很多小朋友應該都是拿去買玩具或零食點心，僅有少數會願意採取「儲蓄」的方式。

A 大認為，初學者很適合用「發零用錢給自己」的概念來學理財。零用錢的特性，就是每個固定週期都會拿到錢，久了會讓人養成不好的潛藏消費慣性：花光了沒關係，反正下次的零用錢很快就會進口袋。**但是出了社會以後，沒有人給我們零用錢，必須學會自己安排零用錢的花用。**你不能像以前一樣衝動購物，畢竟薪水是認真工作換來的收入，不像零用錢是家人無條件給予的。

如果你的零用錢是打工賺來的，那就更應該學習金錢的分配與支配。自制力不太好的人，可以採用日領或週領；自制能力若非常好，不妨採用雙週領、半月領，或是月領。重點在於**要有所節制，不要過度消費**，也不要隨便刷卡，

甚至是經常性使用分期零利率。沒有節制的消費習慣，可能會在未來引發財務缺口，造成財務災難。萬一演變成卡債，那就不太好處理了。

習慣，可以讓一個人富裕，但也可能造就一生的貧窮潦倒，A 大寧可在這邊先點破，也不願讓你出事之後再四處尋求解決方案。要預見一個人未來能不能變有錢人，其實從他的理財習慣與用錢習慣，就能大致窺見。**習慣，能夠造就富裕人生。**

$ 暴力存錢法 Step 4：
運用結餘，設置「亂花基金」來善待自己

剛開始練習分配收入的時候，你可能會有點痛苦，如果把錢分配得太緊，感覺好像沒有額外的錢可供花用，就會生活得很無力。如果你已經採用每月儲蓄固定金額的「暴力存錢法」來執行自己的致富計畫，在每個月的月初固定儲蓄、留下生活費之後，就會有一筆額外的結餘，A 大建議可以拿來設置爲「亂花基金」，有助於在拚命理財與享受人生之間找到平衡點。

以月收入 4 萬出頭爲例，假設我一個月存 1 萬是沒有壓力的，那就還剩下 3 萬元可以支配。由於 A 大是在台

第一部
珍惜現時，享受人生，計畫將來

第二部
分配收入，整理財務

第三部
累積財富，創造理財收入

南生活，所以每週 3,000 元的生活費，通常還會有結餘。但，實際狀況要視每個人所能接受的生活品質而定，假若你住在大城市或是美食沙漠，光是餐費可能就會比其他縣市貴不少。

固定金額儲蓄的好處

其實一整個年度下來，我們不太可能十二個月份領的薪水都一樣，實際上會有一個浮動範圍，尤其是不定期的加班費。再者，很多人工作了一、兩年就會加薪，那麼請務必記得，在年度加薪之後，調高自己的固定儲蓄金額。

由於我們的收入會浮動，但「固定儲蓄」的金額不會變動，因此多的錢就可以直接分配給「亂花基金」這個信封。每個禮拜沒有花完的生活費，一樣放進「亂花基金」，A 大推薦買一個厚拉鏈袋，出門隨身攜帶，如果看到很想買的東西，就打開亂花基金，看裡面的錢夠不夠用，只要付得起，把亂花基金花光都沒關係。

實際的理財流程如下，這裡的金額是概算，請依你個人的情況做調整：

圖表 2-3　用結餘來設置亂花基金

收入	＋42,000（含加班費 2,000 元）
支出	－ 10,000（固定儲蓄 & 投資） － 10,000（房租） － 1,000（水電） － 15,000（五週的生活費，每週 3,000 元，含油錢） － 1,000（手機月費） － 3,000（保險）
結餘	＋ 2,000（分配到「亂花基金」）

接下來，每週拿 3,000 元當生活費，若有結餘，一樣可以放到亂花基金，累積久了就會有一筆可觀的金額。這筆錢甚至可以留到要出國玩的時候，換成外幣，到國外隨便亂花，慰勞自己平常省吃儉用、精打細算的辛勞。

A 大犒賞自己的方式是去吃燒肉或牛肉湯，至於是吃燒肉套餐還是牛肉湯配肉燥飯，就看那個禮拜有多少結餘來決定。這方法雖然不用記帳，但在消費時還是能夠稍微撙節支出，讓拚命理財與享受人生之間取得平衡。A 大覺得**最不健康的方式就是一直存死錢，沒有把錢花在身上好好照顧自己**。既然你今天讀到這篇文章了，那就開始好好照顧自己吧！

現在存不到錢別煩惱，只要你願意改變一個理財小動作，把生活要用的錢，和儲蓄要用的錢，認真拆開來分配到不同的信封、存到不同的帳戶，就能獲得不錯的成效。當你開始這麼做，下一個月就可以告別月光族的行列，轉職成為有存到錢的小資族。

如果你是在書店讀完這個段落，而你在一個月過後有存到錢，下次再見面時，記得把我買回家喔！

實戰技巧：用銀行帳戶來建立理財系統，實踐信封理財法

最後，A大要帶你實際演練一次「未來一定存得到錢」的理財法。

信封理財法的概念原型是「收入－支出＝可支配餘額」，以此延伸，就能建立一套**專屬自己的理財系統**。從可支配餘額中，我們要再拆分出「儲蓄與投資」。這裡最重要的觀念是「專款專戶」，一定要把生活支出與儲蓄分開，再來就能將信封理財法的公式改寫為「收入－支出＝儲蓄＋投資」，並以此為基礎，來建立理財系統。

在理財系統中，最重要的概念就是設立一個「資金轉

運站」的帳戶，作為資金總管，它的主要功能是「分配收
入，逐筆支出」，以及方便自己提領生活費。這個帳戶，
最理想的就是採用具有高活存利率的數位帳戶，以及具備
跨行轉帳免手續費與跨行提領免手續費的帳戶。

圖表 2-4　個人的財務系統／十字型理財系統

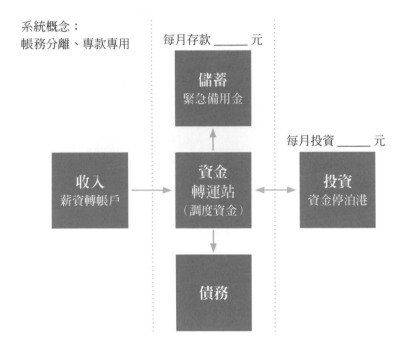

系統概念：
帳務分離、專款專用

每月存款 _____ 元

儲蓄
緊急備用金

每月投資 _____ 元

收入
薪資轉帳戶

**資金
轉運站**
（調度資金）

投資
資金停泊港

債務

當你建立好自己的理財系統之後，理財流程其實非常簡單：

① 把這個月的薪水先全部轉到資金轉運站。

② 把固定儲蓄金額轉到儲蓄專用帳戶（**此為理財初期的重點**）。

③ 若投資為不同帳戶，再把固定投資金額轉帳到指定帳戶。

④ 再回頭來清點這個月應該支付的帳單，一共有幾筆？例如：房租、房貸、信貸、紓困貸款、信用卡帳單、手機月租費、通勤月費、稅金、保險費……等。如果帳單已經收到，那就直接先付清，盡量避免讓帳單過期。如果是等待扣款的錢，也請盡早轉出到專用扣款帳戶，等待扣繳本期應繳金額。

⑤ 理論上，支付完帳單後，剩下的就是生活費（零用錢）與亂花基金，如果怕自己會亂掉，可以把亂花基金提領出來，存放在夾鏈袋裡，或新增一個帳戶來專門管理亂花基金。或者存回原本的薪轉戶也可以。

⑥ 盡量養成固定時間週期領取一次生活費的習慣，別花過頭。例如：每週領取一次、雙週領、半月領……等等。

⑦ 出門時要帶著「亂花基金」，以防臨時產生的意外支出。

如果你是**把薪轉戶當成資金轉運站**，那就直接執行步驟②到⑤。

開始存得到錢之後，就會進入累積財富的階段，接下來，Ａ大會逐步引導你學習增加財富、用錢賺錢。

學會整理財富，
為你的財務狀況做健檢

　　來找 A 大做付費理財諮詢的網友，常常有這些共同的問題：被生活開銷壓得喘不過氣，卻又不知道該從哪裡調整；就算有記帳，依然不知道錢都花到哪裡去了；存款停止成長，甚至倒吃本金，覺得很焦慮……

　　通常在 A 大協助做完財務健檢之後，網友才會發現自己其實是有債務的，只是太習慣收到帳單才去繳錢，導致月初就把錢花光。到了月底，才發現錢不夠繳納帳單，形成惡性循環，錢不夠用就去領，已經吃到存款仍未察覺，只知道帳戶裡還有錢，但實際要被歸類在儲蓄的金額，卻不太清楚。這樣下來，沒存到錢也是自然的。

　　A 大算是過來人，在還沒學理財之前，我也只用一個帳戶來管理自己的錢，但總是很難真正存到錢，也不太清楚存款到底增加了多少。同時要學理財和理債，聽起來似

乎是一件複雜的事，但其實只要把問題逐一拆解出來，兩者要同時進行並不難。

理財先理債，理債先理心

只要有人來找 A 大做理債諮詢，A 大一定會跟他們講這句話。因為會陷入負債累累的情況，大概有八成是心理因素造成的，最主要的原因就是**衝動型消費**，沒有事先衡量自己的收入，只知道存摺還有錢，買得起，但是在支付款項或價金的時候，又選擇了分期零利率降低負擔。別忘了，「**分期零利率」跟債務一樣，都是在預支未來的薪水。**如果你每個月還沒拿到收入，就已經先花掉一大部分，要談存錢真的有難度。

所以說，理債先理心就是這麼來的，你要先克制自己的消費欲望，先有錢，再去消費，而不是先享受後付款──這麼做雖然能短暫滿足心理需求，伴隨的代價卻是經濟壓力越來越沉重，通常要等到自己入不敷出的時候，才會覺察或覺醒。

請謹記這個理財金律：先有錢，再消費。

整理財富，
先檢視生活開銷的四大區塊

　　整理財富並不難，只要把握幾個原則，就像在修練金庸小說裡面的武功，是有心法和口訣的。Ａ大印象最深的練武口訣是「欲練神功，必先自宮」，理債的時候雖然不必自宮，但是在整理好你的財務現況之後，還是得做一些必要的消減，才能讓財務狀態恢復健康。

　　健康的財務狀態，就是你每個月固定提撥一筆錢儲蓄，不會因為到了月底沒錢，而把月初存下的錢再領出來用。有了結餘，你才會有多餘的財力與心力去處理不好的債務或是消費習慣。

　　Ａ大在整理財務時，習慣把生活開銷分成四大區塊：儲蓄、居住、生活、年度支出。

　　「儲蓄」包含：債務、貸款、固定儲蓄、固定投資、投資自己、住外面給孝親費。

　　「居住」包含：房租、房貸、水、電、瓦斯、天然氣、家用網路、網路影音訂閱。

　　「生活」包含：餐費、交通費、通信費、日常用品、生活雜支、固定回診、醫療、保健食品。

「**年度支出**」包含：稅金、保險、保養，又可再細分為「人、車、房」。

以上是在整理財務時，一定要仔細檢視的項目，細節可參考圖表 2-5。有些開銷看起來不多，但是小金額不斷累加，也可能讓你在許多小地方花上大筆金錢。

圖表 2-5　三點一理財法的基本骨架

運用「自問自答法」，
為自己的財務狀況做健檢

　　A 大協助諮詢者做的財務健檢，就是在做財富梳理的
動作。愛美是人的天性，這句話不分男女皆適用，而這也
是網友小美的理財罩門。小美第一次來找 A 大諮詢時，
身上不到 50 萬，還陷入倒吃存款的狀況，感到很焦慮。
雖然 A 大沒辦法當面為每一位讀者做諮詢，但我想邀請
你依照我引導小美的方式，來思考以下問題，並將答案填
寫在夢想筆記本的「三點一理財法記帳表」。當你運用「自
問自答法」，把所有的問題都回答完之後，就能大致完成
自我財務健檢了。

問題一、你有沒有學貸、車貸、信貸……？

　　YES：每個月繳款金額為多少？

　　NO：恭喜你，太棒了，沒有債務。

問題二、信用卡帳單每個月大約是多少？

　　答案①：每個月○○銀行的信用卡繳○○○○元。

　　答案②：卡費的帳單金額不是很固定。（延伸討論：
那你是否有固定扣款的支出項目？例如年繳保險費的刷卡

分期零利率？）

問題三、目前每月的固定儲蓄金額有多少？

　　答案①：每個月固定存〇〇〇〇元到〇〇銀行。

　　答案②：沒有固定金額的儲蓄。（延伸討論：那你覺得每個月存多少，比較沒有負擔？）

問題四、目前有沒有在固定投資？每個月投資多少？

　　YES：買什麼？

　　NO：為什麼還沒有投資？

問題五、請問你是否正在投資自己？（例如：上進修課程、做牙齒矯正，或者購買線上課程、買書……）

　　YES：請問每個月的費用為多少？還需要繳多久？

　　NO：那有沒有想要規畫出國旅行？（延伸討論：若想出國，打算去哪裡、旅費預算為多少？）

問題六、是否需要給長輩孝親費？

　　YES：請問住家裡，還是住外面？（住家裡，孝親費列入「居住」項目；住外面，孝親費則歸類為「儲蓄」。）

　　NO：下一題。

　　以上六題回答完了嗎？繼續進行之前，A 大先為你解惑：**存款沒有辦法持續成長的原因**大致有兩個，一是生活與儲蓄的錢沒有分開；二是月底錢不夠用，透支了，就會

把月初存進去的錢拿出來用。至於出國旅行為何算是投資自己的一部分，A 大是這樣認為的：人，總要有個動力讓自己去賺錢，而出國旅行一次的費用往往都不少，需要分批按月儲蓄，但大多數的人都是用年終來 COVER 旅行支出。其實這樣做也不容易存到錢，因為年終應該是要另外好好規畫的一筆資金。

整理財務的「自我健檢」過程，難免有點冗長、繁雜，有些問題可以快速回答，有些需要花點時間思考，有些你可能不知道要怎麼回答。整趟流程最快也要三十到四十分鐘，不過沒關係，A 大會等你。請你慢慢找出答案，都回答完之後，再進行下一步。

接下來關於居住的支出，應該相對容易回答，**有些答案「抓個概數」就好，不一定要很精準**。我們最起碼要知道自己有哪些支出，就算金額很小，也要列出來，這樣才能知道自己每個月最基本的開銷「大致」需要多少。

問題七、目前是自己住還是跟家人住？

自己住：請問房租多少？

跟家人住：需要幫忙繳房貸、補貼家用或給孝親費嗎？

問題八、水電費是多少？有沒有瓦斯或天然氣？

問題九、有沒有管理費，以及車位管理費？

問題十、有沒有家用電話、家用網路？

A 大解惑：如果以上任何項目是一家人共用，不過是你在繳款，那帳單就要算在你名下，也就是你要支付的月支出。如果有房貸，要先區分是自住宅還是投資宅，若為自住宅，則不算債務，請用**「向銀行租房子」**的概念來看待房貸，將這筆支出列入「居住」項目。若為收租賺錢的投資宅，房貸月繳則視為「債務」，因為你是借房貸來投資買房，也就是列入「儲蓄」，這個就需要一點轉念——不用再償還給銀行的債務，是不是就應該要拿去存起來？所以，各位要有一個觀念：**債務，本應歸屬儲蓄**。簡單舉個例：如果你有一筆房貸 1,000 萬，然後是零利率，而你每個月可償還 100 萬，那請問第十一個月原本要還房貸的錢，該何去何從？如果你沒有特別規畫，是不是應該拿去存起來？

到此，你已經快要完成二分之一的健檢題目，再撐一下下就結束了！

問題十一、每個月的餐費大約是多少？三餐是怎麼吃的？

答案①：每天的餐費大概○○元（請乘以三十天，記錄下來）。

答案②：我不太確定，這個要想一下。（別擔心，A 大會陪你從以下問題來逐一檢視：早餐是吃家裡，或在外面吃？公司有沒有提供午餐，或是補貼餐費？晚餐呢？若是自己買，就抓個平均概數乘以三十天。）

問題十二、請問你是怎麼去上班的？

答案①：搭大眾運輸工具。

答案②：騎車上班。（延伸問題：是騎燃油車還是電動車？多久加一次油，或者電動車的月租費是多少？）

答案③：走路上班或是居家辦公。

問題十三、請問手機月租費為多少？

答案①：目前月租費〇〇元。

答案②：我有〇〇個門號，公司補貼〇〇元。（把金額加總，然後記下來。）

問題十四、日常用品是沒了再去買，還是有囤貨習慣？

答案①：沒了再去買。（延伸討論：多久買一次，花費大概多少？）

答案②：有囤貨習慣，會一次性買比較多來省錢。（延伸問題：那一年大概花多少？請在年度支出新增「日用品採買」的欄位。）

問題十五、會不會參與辦公室的團購，或下午茶派對？

YES：每次的費用大概是多少？

NO：下一題。

問題十六、是否有需要固定回診看醫生？（包含慢性處方箋、先天或後天慢性病、西醫固定回診、吃中藥調理身體、買保健食品⋯⋯）

YES：每次／每月費用大約為多少？

NO：恭喜你，身體非常健康，沒有額外的醫療開銷。

問題十七、會不會常常感冒？（意外支出）

YES：每次大約多久康復？

NO：下一題。

問題十八、有沒有「健身、娛樂、買衣服」，或是約會的開銷？

YES：多久一次，每次費用大約為多少？

NO：下一題。

A 大解惑：根據我的經驗，很多情侶或夫妻都覺得老夫老妻沒什麼必要約會。但我還是建議，偶爾拋家棄子，兩個人去約個會，做點愛做的事，會比較健康。若是遠距離戀愛，雖然交通開銷比較大，但，就愛上了還能怎麼辦？不是他來找你，就是你去找他，不妨一起去探索那座城市吧！

再來是返鄉的交通費，如果每個月回老家一趟，則算月支出，如果是久久一次，那就看週期頻率，換算成每月

開銷，例如：三個月回家一次，高鐵費用是 2,700 元，除以三，也就是每個月大概花 900 元，先概略註記一下，知道自己的平日開銷是有這筆費用的，這樣就好。

健檢已經進行四分之三囉，加油，問題快問完了。

問題十九、你的所得稅大約是多少？以最近一期為準。

答案①：我看一下稅單／信用卡帳單，繳〇〇元。

答案②：因為有扶養，所以有退稅。

答案③：收入太少，不用繳稅。

答案④：剛開始工作，不知道要繳多少？（下一題）

問題二十、請問一年的保險費大約多少？

答案①：包含汽機車的話，大約〇〇元。（這裡只要先確認人身保險的部位為多少，以及有沒有儲蓄險？）

答案②：一年大概繳〇〇元。

答案③：每個月繳〇〇元。（延伸問題：請問這是信用卡分期零利率嗎？如果是月繳的費用，A 大要提醒你，保險是年繳比較便宜，總繳納保費會差到 5.60％）

接著，根據交通工具的使用狀況，還有以下延伸問題：

問題二十、請問汽機車的稅金一年繳多少？

答案①：大概是〇〇〇元

答案②：我不是很確定……（沒關係，請先確認車子廠牌、車型、CC 數，就可以進行試算。）

問題二十一、請問汽、機車一年的保險費為多少？

答案①：每年大約為○○○元。

答案②：是家人幫忙繳的。

答案③：我不知道誒……

A 大解惑：關於汽、機車的基本保險，若機車保險金額低於 2,000 元，記得要投保第三人責任險，以及確認「第三人責任險－財損」的金額，若高於 2,000 元，則要確認是否有投保「機車超額責任險」，以及你自己買了什麼保險？汽車保險，若保費金額低於 6,000 元，建議先檢查是否有投保第三人責任險，以及超額責任險，若大於 6,000 元，則進一步檢視有沒有投保「碰撞險－免自付額」，再根據平時的行駛路徑來評估是否需要投保拖吊險。如果沒有人情包袱，自己線上投保會比較便宜。如果沒有信用卡，可以使用 VISA 金融卡，某些產險公司也接受 VISA 金融卡線上投保。

問題二十二、請問汽機車多久保養一次？

答案①：每○○個月保養一次，每次大約○○元。

答案②：行駛固定里程數後保養，每次大約○○元。

健檢進行到這一題，A 大會建議你檢視一下，是不是

有被保養廠當成盤子在敲的狀況？有些保養廠會完全遵照手冊來進行保養，但是有不少東西其實都還能用，使用壽命還沒到，保養廠就會建議先換，因而造成金錢的浪費與流失。關於理財，很多方面都是如此，你不搞懂細節，就有很大的機會被別人牽著鼻子走。

如果你有房子，請比照上述問題，以自問自答的方式，記下房屋稅、地價稅，以及火險、地震險的費用。如果沒有房子，請繼續進行下一題：

問題二十三、請問逢年過節是否需要包紅包？

答案①：每年大約〇〇〇元

答案②：目前不需要。

問題二十四、請問近幾年是否會有喜帖紅包？

問題二十五、請問工作單位是否會有辦公室紅白包？

以上兩題的答案因人而異。如果諮詢者是女生，Ａ大最後一定會問這一題：**請問你會不會趁著週年慶到百貨公司買化妝品、保養品？**其實男生也可以自我檢視，但有這部分開銷的人真的算少數，通常男生的保養開銷都會列入日常用品。

回答完所有「健檢」問題，你對於自己的財務狀況應

該會有七、八成的掌握，剩下的枝微末節，對於整體財務狀況的影響比較小。

在 A 大協助小美做財務檢視的過程中，經由我的細問與分析，小美才緩緩說出，她有學貸和矯正牙齒的支出。小美的月收入是 4 萬多，但是這兩筆支出一個月就吃掉快 1 萬元，還有一些買得有點貴的汽機車保險，現在也不能動，只能等到明年要投保的時候，換一間物美價廉的產險公司。另外，小美的保費和稅金都使用信用卡分期零利率去繳納，每個月卡費的帳單約 4,000 到 5,000 元。光是這三筆，就已經用掉薪水的三分之一以上，想存錢當然很難。

利用三點一理財法的記帳表做完財務健檢，就能知道自己是否有超支的問題。如果超支了，我們可以根據財務現況來進行調整。一般來說，A 大會建議先從固定的儲蓄與投資去調整，就像老一輩常說的，生吃都不夠了還曬乾勒。其實小美也有使用「暴力存錢法」，每個月領到薪水就轉帳 1 萬元到儲蓄的專用帳戶，但是，她現階段算是有輕微的金錢漏洞，到了月底就會提領月初的存款來用。

A 大的觀念是，金錢漏洞若不處理，可能變成長期的財務缺口，在惡性循環下演變成財務災難。如果缺口一直補不起來，就要思考兼差開源、開啟斜槓人生，畢竟生活

第一部
珍惜現時，享受人生，計畫將來

第二部
分配收入，整理財務

第三部
累積財富，創造理財收入

要有結餘，才有辦法討論累積財富的可能性與速度。

另外要特別注意的是，如果「三點一理財法基本骨架」的四大區塊中，單一區塊支出占比超過 30%，請一定要優先處理。如果是儲蓄區塊，就要檢視債務是否超過月收入的 30%。請記得，理財先理債，一定要優先處理這個項目。若自己處理不來，務必要請教前輩或長輩，甚至是找專業人士諮詢。財務未爆彈一旦炸裂，後果可能會很難收拾。調整好債務，再來討論如何累積財富，會比較輕鬆一些，最起碼你在存錢時看到數字持續增加，存起來會比較有感。

至於年度支出的部分，若其月攤提超過月收入的 10%，就要特別當心，因為大多數人的習慣是用年終獎金去填補年度支出的缺口。A 大認為這樣做其實不太健康，因為你會少了很多資源可以運用。

說到累積財富，很多人一定會想到投資，但那是第二步。**所有的一切都是從定期定額的儲蓄開始，存錢，是理財的防禦工事**。你要用存款打造一件生活防彈衣，甚至是一條投資護城河，來保障自己的生活、保護自己的投資。保護自己的投資，此話怎講？A 大在初心者時期也曾做過一堆蠢事，例如：把保費跟信用卡卡費拿去做殺紅眼的過度投資，2006 到 2008 年之間，金融海嘯前，股市行情大

好，我這個小散戶跟著理專的建議，確實也賺了不少錢，但一個海嘯過來，A大的投資全軍覆沒，虧損50%以上。

如果你擁有緊急備用金的觀念，用存款來打造理財防彈衣，萬一又爆發股災，就不必擔心自己會被流彈或原子彈打到。有一筆備用金在身邊，不管投資如何震盪，其實對生活的影響都不會太大，這時候，你只要靜靜地耐心等待市場回升就好。

若你剛好卡在理財與理債之間兩難，A大建議，理財與理債同時進行，但債務要擺在第一順位，然後要避免自己衝太快。既想存錢，又想去做自己想做的事，還要同時擺平債務，天底下很難有這麼好康的事。

至於小美的例子，A大跟她討論的結果是，把月初的固定儲蓄金額降低，先從一個月存 5,000 元**重新開始**，然後花兩到三個月的時間做實驗，看看是否會去提領月初的「固定儲蓄」來用，如果不會，就可以進行下一個步驟：「累積財富」。

再講一次，**所有的一切都是從定期定額的儲蓄開始，存錢，是理財的防禦工事，而投資，是進階的理財與賺錢方式**。構築好防禦工事、打好地基，才能開始運用投資來建造你的財務大樓。

先有定期定額的儲蓄，
才有定期定額的投資

所有的一切，都是從定期定額的儲蓄開始。

在這一章，Ａ大要帶你打好儲蓄的地基，再進階到定期定額的投資。

我們繼續用小美的例子來說明。若小美已經開始繳學貸，薪水進入帳戶以後，就要優先處理「債務、帳單、固定儲蓄」這三件事。萬一有卡債，可以運用「自問自答法」進行財務健檢，重新整理自己，再去尋求債務整合的方法。人生不會因為一次失誤就此完蛋，Ａ大提醒各位，非到必要千萬別找銀行做債務協商。這等於是把自己的信用歸零，不但會沒有信用卡可以使用，也會影響後續的理財規畫。任何說要幫你降利息、轉貸款、做債務整合的電話銷售，都藏著陷阱。

如果小美尚未開始還學貸，Ａ大會建議她按部就班

地做好這五件事。給小美的建議，相信對大多數讀者都適用：

一、存一筆緊急備用金，把錢留給未來的自己，有備無患。

二、培養儲蓄的習慣，把備用金當成財力證明去申請信用卡。

三、同時間也為定期定額的投資準備。

四、讓自己提前進入已經要繳納學貸的狀態，開始練習「同時還債與儲蓄」。

五、累積金融資產的同時，也要累積信用資產與知識型資產。

想要錢滾錢，你必須先有保命錢

談到累積財富，多數人肯定會直接想到投資，也就是用錢滾錢的方式累積財富。A大認為這個說法只對了一半，畢竟在投資初期，你的資產並不大，這時候一定要先有一個觀念：**讓自己有一筆緊急備用金，可以抵禦生活的風險**。生活中最大的風險，就是明明有一堆帳單等著繳，

第一部
珍惜境時，享受人生，計畫將來

第二部
分配收入，整理財務

第三部
累積財富，創造理財收入

卻剛好失業了，請問你要用什麼來支付帳單、房租、水電？說不定連三餐都會有問題。或許有人會說沒關係，我有信用卡，那麼 A 大反問你，**房租確定可以刷卡嗎？**

保命錢，就是緊急備用金。這是急難救助的資金，所以必須是一筆全年無休且二十四小時皆可動用的錢。在理財初期，尤其是從零存款開始的時候，存備用金的第一個目標，要先設定為「一個月的實領薪資」。

Ⓢ 存備用金 Step1：在薪資轉帳戶當中，保留一個月的薪資

以小美的月收入 48,000 元為例，緊急備用金的基本額度是一個月的薪資，也就是要分幾個月，存一筆 48,000元的額度。這樣一來，如果工作做得不開心，或是遇到鳥事而需要提前離職，也不會導致斷炊。職場老鳥欺負菜鳥的事屢見不鮮，就連知名企業也會有這種狀況，你永遠不知道自己會在什麼時候遇到難關。再者，有些前輩的指導方式可能會讓人不舒服，甚至是偷吃豆腐都可能發生。若是遇上了，你會舉發對方，還是默默離職？未來的事很難說，**一定要替人生的風險做點打算。**

假設一個月可以存 4,000 元，那就分十二個月把這筆

錢存起來。存備用金還有個好處，就是可以作為申請信用卡的財力證明。除非你是軍公教人員，不然工作半年到一年以上再去申請信用卡，會比較容易過件。原則上，在還沒申辦信用卡之前，不要把薪資轉帳戶清空，要保留每月的固定儲蓄金額在裡面，因為這能向信用卡發卡銀行證明你的還款能力。

$ 存備用金 Step2：
讓保命錢的額度提高到三個月的實領薪資

根據 A 大的統計，大多數人在換工作時，會經歷三個月的待業期，接著如果進了新公司，要拿到一份完整的薪水，可能是四個月以後的事。因此，備用金的額度應該要足夠讓你撐四個月，只要你願意省一點花用。

假設你是一個月存 25% 的薪水，那麼實務上，你只用掉了 75% 的收入。三個月的薪水相當於 300% 的收入，每個月花掉 75%，剛好可以撐過四個月。以小美為例，她每個月可以存 12,000 元（儲蓄率 25%），花十二個月就能存到三個月的實領月薪（25%×12 ＝ 300%）。

第一部
珍惜現時，享受人生，計畫將來

第二部
分配收入，整理財務

第三部
累積財富，創造理財收入

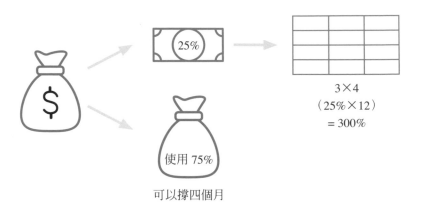

圖表 2-6　花一年的時間練習存錢

25%

使用 75%

可以撐四個月

3×4
（25%×12）
=300%

　　如果薪資比較少，例如月收入 33,500 以下，A 大建議直接以「存款 10 萬」當成備用金額度。畢竟手邊有一筆 10 萬元的存款，肯定會讓人安心不少。如果你的理財目標是總資產存到新台幣 100 萬，存到 10 萬元至少就完成了十分之一。跨過這個門檻之後，你甚至可以把每個月原本要存的錢，全都拿去做投資。再者，存摺裡有 10 萬元，也會讓申請信用卡時的財力證明比較好看；但如果你現在還沒有 10 萬元，也請不要灰心，原則上只要存款大於一個月的薪資即可。若要數字更漂亮一些，就放三個月的實領薪資，或者 10 萬元以上。

　　緊急備用金的額度，還有另一種估算方式，就是存下

六個月的生活費。A 大建議，不妨等到結婚後再嘗試這樣的方式，畢竟這個方法是以生活費爲基礎，也就是你要很清楚自己每個月的生活費。如果 A 大現在問你，你一個月的生活費是多少、半年份的生活費是多少，你大概也要花個幾分鐘來算數吧？因此用實領薪資作爲備用金的額度，是比較簡單的方式，用目前的月收入乘以三倍，就是你的目標。這筆錢在你結束單身之前，應該都能應付生活中的突發狀況。

存備用金 Step3：
開始練習「部分」投資

如果你家境不錯，萬一出了事還有家人靠，那就可以在存款超過一個月的薪資以後，就開始投資。如果沒有長輩支援，凡事要靠自己，則要抓一個讓你有安全感的備用金額度。以小美爲例，月收入 48,000 元，備用金 48,000 元，每個月可存金額爲 12,000 元。當她的備用金存款超過 48,000 元，就可以把原本定期定額的固定儲蓄，更改爲「部分儲蓄、部分投資」。而小美評估過自身狀況，認爲緊急備用金 144,000 元有點太多，想要早點進行投資，於是我建議把每個月存的 12,000 元，調整爲儲蓄 4,000 元、

投資 8,000 元的理財分配。

　　固定儲蓄：目前有 48,000 元，預計每個月儲蓄 4,000 元。因為已經存到一個月的薪資，開始進行部分儲蓄與部分投資，固定儲蓄部位每個月存 4,000 元，直到存款累積滿 10 萬。100,000 － 48,000 ＝ 52,000，52,000 ÷ 4,000 ＝ 13。也就是說，固定儲蓄部位再存十三個月之後，就會累積到 10 萬。下一步就可以把原本 4,000 元的定期定額儲蓄，也轉換到定期定額的投資。

　　固定投資：每月 8,000 元，預計投入 5,000 元買台股台灣 50，3,000 元買美股（VT，Vanguard 全世界股票 ETF）。

　　我們經過好幾個月的練習，若每月都能順利存下 12,000 元，以定期定額的儲蓄與投資策略來累積財富，**新增加的投資部位，也不過是換個地方存錢。**

為什麼要採用「定期定額」的投資策略？

　　正因為我們每個月能夠投資的金額就只有那麼少，所以才會存得很辛苦。假若今天你換一份工作，薪水整整多出 1 萬元，你會把投資的金額提高到多少？ A 大覺得，投

第一部
珍惜現時，享受人生，計畫將來

第二部
分配收入，整理財務

第三部
累積財富，創造理財收入

資還是務實一點好，透過定期定額來累積財富，會是比較妥當的方式。但也請記得，投資金額小，只是過度時期的權宜之計。投資要賺大錢，生活不能缺錢；生活一旦缺錢，你連投資本也沒有，就更別提要實現未來的買房規畫、退休規畫，甚至是財務自由了。

A大建議，如果你剛畢業，原則上就往薪水高的地方去衝，除非你對那份工作很有熱情，願意做功德去遷就低薪，不然原則上薪水至少要超過當前基本工資的一・五倍，理想是兩倍以上，會比較有可支配餘額去規畫並累積財富。

如果暫時找不到這樣的工作，請別灰心，不妨下定決心閉關學習，提升自己的功力，辛苦一陣子，就不用奮鬥一輩子。當你有一筆保命錢的配置，還能產生投資護城河的作用，萬一有一天真的需要用錢，但剛好投資部位是虧損的，你也不會因為缺錢，而把投資砍在阿呆谷（意指股價的相對低點）。

請牢記這句理財金律：有多少錢，做多少事；有多少本金，做多少投資。切莫隨意借錢做槓桿投資。

讓自己提前進入繳納學貸的狀態

　　如果你有學貸，請先去查詢貸款總金額是多少。如果暫時還不會計算貸款月繳金額，至少要知道自己跟學貸銀行借了多少錢，這樣理債才會有目標，不會因為鬆懈而失去了對於債務的警惕，引發財務災難。A 大建議把原本要還學貸的錢，拿來存一筆緊急備用金，這樣不但能為自己製造財力證明，還可以準備申辦信用卡的申請資料，算是一石二鳥的方式。

　　實作的方法是，假設一個月的學貸月繳是 4,000 多，那就湊個整數，一個月存 5,000 元到薪轉戶，這樣一來，加上自己原本要存的錢（假設是 12,000 元），每個月一共要存 17,000 元。如果這個金額讓你有壓力，那就往下調整，直到沒有壓力為止。如果現在連學貸月繳的金額都存不到，那就代表你的財務狀況是有問題的。學貸的還款狀況也會列入聯徵的信用評分，因此千萬不要故意不繳，或是忘記繳月付金額。

　　學貸的還款方式，是貸款一學期分一年攤還，如果大學四年念完，貸款八個學期，那就要分八年攤還，而開始償還的時間是畢業一年以後。假設你的借款總額是 40

萬，分八年零利率攤還的金額就是 400,000 ÷ 8 ÷ 12 ＝
4,166.66 元，加上利息，粗略的乘以 1.1 倍，就能預估學
貸的月繳金額是 4,167 × 1.1 ＝ 4,583.7。爲方便計算，可
直接湊 5,000 元。

第一部
珍惜現時，享受人生，計畫將來

第二部
分配收入，整理財務

第三部
累積財富，創造理財收入

圖表 2-7　償還學貸的時間軸

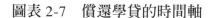

在尚未開始還學貸的時候，這 5,000 元可以權充備用
金的儲蓄來源，同時也能訓練自己的儲蓄能力，並檢視資
金分配狀況會不會出問題。如果沒有問題，你的存款就會
持續增加，如果實驗了三個月都沒存到錢，就代表你的開
銷有點多。如果用了 A 大推薦的「自問自答法」仍無法
抓出自己的財務漏洞，請務必去找專業人士做財務檢視。

在我們了解如何累積金融資產之後，還有兩個重點要
解說：**累積信用資產，以及累積知識型資產**。

累積信用資產

信用資產在初學理財時，看似沒什麼作用，但是這關乎你將來的生涯規畫，尤其是想要買房的讀者，請務必仔細閱讀。買房有很多眉角，申辦房貸的前置作業更是特別花時間。

累積信用資產，你需要注意這幾點：**信用卡的持卡時間、信用卡的額度、信用卡的張數、信用卡帳單的繳費狀況，以及辦理自動扣繳不要設定在薪資轉帳戶。**

由於我們的信用狀況已經被聯合徵信中心數據化，徵信中心採用特殊的評分方式，針對每個人的信用卡使用與繳款狀況給予評分。若信用評分不足，將不予核准貸款。另外，有不少銀行會在你申辦信用貸款的時候，先確認你是否申辦過信用卡。若沒有信用卡，也會影響到你貸款的金額。至於房貸就更不用說了，幾乎九成的銀行都會參考信用評分，如果你沒有申辦過信用卡，就不會在聯合徵信中心留下資料，因為銀行不認識你，自然也會降低貸款的過件率。

所以說，信用卡是一項重要的理財工具，越早辦越好。如果第一張申辦出來的信用額度過低（例如不足 5

萬），建議等到薪水提高之後，再去申辦第二張。你的信用卡額度，會在申辦房貸時被拿來參考用，額度越高，其中一部分就代表著還款能力也算高，銀行才會核准較高的貸款金額。怎樣的信用額度才算高？一般來說是 20 萬以上，這是一個很微妙的門檻，通常收入要達到一定程度以上，銀行才會核准；再來是額度 10 萬以上，這個就比較常見。如果你想規畫買房，最好有一張信用卡的額度在 20 萬以上，另一張有 10 萬以上，貸款會比較順利。

累積信用資產是理財中很重要的一環，別輕易把自己的信用狀況弄糟，這很容易落入惡性循環，最後變成一發不可收拾的卡債。

另外，薪資收入較高，也能換取較高的信用貸款借款額度。信用貸款的可借款額度，通常是採用你的月收入去換算。**可以把信貸額度當成第三緊急備用金來使用**，第二備用金是你的股票投資，第一備用金則是二十四小時皆可提領的現金存款。

信貸借款額度的換算方式，會受到「DBR 22」的規範（Debt Burden Ratio，負債比），也就是你的信用貸款最大額度，是薪資的二十二倍。但是實務上，銀行審核時大概會砍到二十倍，甚至是十五倍。以小美月收 48,000 為例，如果她已經默默執行了 A 大上述的建議，萬一有

一天娘家要集資買房，她也可以從銀行借到 96 到 72 萬的信貸來當頭期款的一部分。但前提是，小美不能當房貸的借款人。

累積知識型資產

在初學理財的階段，A 大認為有三個面向的知識需要學習，一是整理財務的相關知識（這本書的主軸），二是基礎的投資相關知識（尤其是指數型基金），三是工作上會用到的專業知識。

A 大覺得，學到定期定額的投資，學會設定好定期定額的扣款，這樣的基本投資技巧就已經相當夠用。接下來的時間，就請你好好**享受無聊的投資生活**，暫時當個被動指數投資人。

如果你很嚮往巴菲特的投資方式，那也要有一筆本金來操作吧？用被動投資來累積本金，是個不錯的資產累積方式。雖然不會有立竿見影的效果，但是在大盤穩定向上的時候，你的投資也會跟著一起獲利。大盤指數是無法控制的，一旦投入，就順其自然吧！定期扣款，扣個五年十年，大盤會帶給你合理的時間報酬。

如果可以，建議各位趁年輕培養一些興趣。A大之所以會變成「斜槓中年」，其實是對理財規畫與退休規畫的手法很感興趣。因為到目前為止，我還不曾在不同的人身上，看過一模一樣的財務資料，也沒有看過可以100%複製的理財規畫建議書，基本上都要根據當事人的生活狀況來進行細節上的調整。個人的財務資料就像你的生辰八字，可以從中看你好不好命，也能窺知你真實的財務狀況。所以，千萬不要把個人的財務資料隨意洩露給非專業人士知道。

A大的第二興趣是拍照和攝影，也曾經在網路上賣過圖。有時我常想，到底是相機帶我去旅行，還是我帶相機去旅行？因為買了一台有點專業的相機，供奉在防潮箱裡感覺很浪費，所以沒事就會帶著相機去曬太陽。為了拍出美景，我也會規畫輕旅行，所以旅行算是我的第三興趣。

能不能靈活運用資產，全都仰賴你的理財知識有多深厚。A大認為，學理財與投資是一輩子的功課，你需要靠海量閱讀來學習。但是，畢竟各位沒打算靠專業理財知識來當飯吃，所以不需要花太多時間，只要能解決現階段的問題即可，用金城武在《赤壁》電影中所飾演的孔明的口頭禪來形容，就是「略懂」就好。

那剩下的時間要幹麼？當然是充實本業的相關知識。

新光創辦人吳火獅先生曾說過，維持現狀即是落伍。A大長久以來的觀念是，如果沒有跟著時代一起進步，那就代表你退步了。我們不求領先時代好幾步，但求可以跟上社會變遷的腳步。以前擁有的優勢或許能讓你領先同儕十年，但如果你一直維持現狀，可能過沒幾年就被超越了。如果不能提升自己的價值，很有可能下一波裁員名單就有你。往充實工作技能的方向前進，然後拉高薪資，這才是你要認真面對的事。

天道酬勤，功不唐捐，**你過去的努力不會白費，必定會在未來的某個地方開花結果**。或許你可以把現階段的學習，看作是替將來開啟斜槓人生做準備。就算做不了斜槓青年，也可以學A大當個「斜槓大叔」。沒有人限制幾歲以後就不能斜槓了，所以請努力工作，好好過日子，放心去做自己想做的事吧！

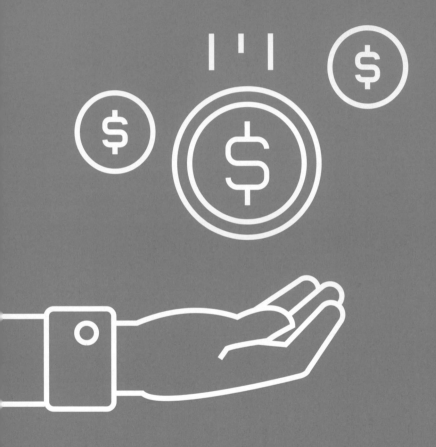

第三部

累積財富，
創造理財收入

―――從零存款開始，
　　打造你的財務大樓

建立金錢的分身，
用資產配置創造理財收入

理財，就是用金錢來建立分身，而資產配置，就像在蓋房子：**把錢依序放在不同的位置，先用存錢來打造理財的防禦工事，穩固了地基，再逐層建構你的財務大樓，把錢慢慢轉變成自己想要的樣子。**

首先，要跨越害怕賠錢的投資心態

「不用廢話那麼多，只要告訴我買什麼會賺錢就好。」這句話應該可以代表很多散戶的心聲，想賺錢，又怕投資賠錢，既期待又怕受傷害。但天底下哪有這麼好康的事？沒有付出，哪來的收穫？

說到要創造理財收入、被動收入，多數人會直覺地說

「就是要去投資」。其實，這句話只對了一半，投資想要賺錢，不單單只是把錢拿去投資就好，你還要有一點資產配置的概念。

很多人都會覺得自己不是專業的理財規畫人士，哪有辦法做資產配置？我認為，其實簡單的資產配置就很夠用了。我們在理財初期資金並不多，資產配置也僅需一點入門概念，不需要動用到 CFP（理財規畫顧問）等級的知識。投資也是，你只要先學會「定期投資」就可以了。投資門派那麼多，有了本金再去拜師學藝。還沒有本金之前，我們在「新手村」周圍打怪練功就好。

想要不勞而獲，又要輕鬆跨越「害怕賠錢」的心態，有個投資妙招，就是不要自己買股票，也不要去看盤、看股價，買進並長期持有，然後丟著讓它長草——這一招就是「定期定額的投資」。接著，做好投資初期的資產配置，你就可以開始「享受無聊的投資生活」。

什麼都沒有，從零開始做資產配置

萬丈高樓平地起，九層之臺，起於累土；同理，財務自由之路，始於足下。很多人都期待靠投資達成財務自

由、提早退休，不過坦白說，如果你的薪資短時間內不會有異於常人的漲幅，達到財務自由大概要花二十到三十年。

可能有人會覺得，既然要這麼久，那還要追求財務自由嗎？記得 A 大說過「現在辦不到，並不代表未來辦不到」嗎？我也曾經覺得買房和財務自由離自己很遙遠，而目前至少走到一半了，雖然我也四十歲了，但是，我依舊不會放棄任何財務自由的可能性。

相信各位讀者一定可以比 A 大更快邁向財務自由，因為看完這本書，你可以少走很多遠路。A 大至少花了十年，才搞懂理財規畫是怎麼一回事，現在你只需要依樣畫葫蘆，就能縮短這十年的差距。

資產配置，一般來說有兩種形式，一是一口氣拿一筆錢出來規畫，如果現階段還沒有這樣的資金，那就只能改採選項二：「什麼都沒有，從零開始做資產配置」。

$ 把錢依序擺放到正確的位置

理財收入是什麼？最簡單的概念就是，**透過你的理財行為所創造出來的收入**。

最簡單的資產配置，就是把錢「依序」擺放到正確

的位置，順序很重要，因爲這正是資產配置的環節中，很多人搞錯的部分。眞正的有錢人，其實都很擅長儲蓄與投資，如果不儲蓄而直接跳到投資，那是很危險的，因爲你連抵禦基本生活風險的能力也沒有。反之，如果不投資只會儲蓄，那跟存死錢沒兩樣。

我們常把資金比喻成水，因爲它是會流動的。《呂氏春秋》記載，「流水不腐，戶樞不蠹」，流動的水不會腐敗，常轉動的門軸不會被蛀蝕。如果你的錢都沒有流動，就會被通貨膨脹這隻古代幻獸蠶食鯨吞。但，**錢也不能隨便亂擺，而是有順序的**。

A 大說明過，爲了申辦信用卡，以及準備日後買房所需的財力證明，需要將薪水留在薪轉戶。因爲所有理財行爲都是環環相扣的，有了信用卡，申請信用貸款或房屋貸款會比較容易通過。**把錢留在薪資轉帳戶裡面，這個動作，就是理財行爲**——這會創造出什麼理財收入？投資報酬率超爛的活存利息。

不過，你其實只是損失一小部分的利息。畢竟要維持一筆可以隨時提領出現金的資金，這很難避免。可能有人會問：「A 大，我現在薪轉戶已經有超過 10 萬，下一步該怎麼辦？」這就像找工作一樣，哪裡薪水高就往哪裡衝，哪裡利息高，我們就往哪裡去，當個追逐高利的理財

遊牧民族。

理財初期，就像在蓋一間財務大樓。你要先有一筆備用金，留給未來的自己，接著就是在安全穩定與基本報酬率的中間，找一塊地方來放剩下的緊急備用金，如果你是規畫三個月的實領薪資，或者是 10 萬元，那就要稍微做點規畫與資產配置。

$ 資產配置 Step1：
把生活費、儲蓄錢、投資錢分配到位

很多初學者會問：我到底要不要做資產配置？A 大建議當然要，但是不需要過度，從最基本的資金分配開始就好。

如果你是從零存款開始配置 10 萬元的緊急備用金，可以在薪轉戶放 5 萬，高利活存帳戶放 5 萬。若是要配置三個月的實領薪資，或是 30 萬元以上的資金，可以在薪轉戶至少放一個月的薪資或 5 萬元（取金額高的），在高利活存數位帳戶放其他的資金。再來就只要把「生活、儲蓄、投資」這三個帳戶分清楚，就完成了簡單的資產配置。

$(\$)$ **資產配置 Step 2：**
資產累積到 30 萬，再運用金融工具做配置

等到投資金額超過 30 萬，就可以進行更詳細的資產
配置。最常被用來做資產配置的四個工具是「房、股、債、
現」，分別對應的投資項目如下表：

圖表 3-1　資產配置的四個工具

實體項目	縮寫代表	指數項目
實體房地產	房	REITs（Real Estate Investment Trust，不動產投資信託） VNQ（Vanguard Real Estate ETF，先鋒房地產信託指數基金）
實體股票 上市櫃公司之股票 中小企業股票	股	股票型 ETF、指數型 ETF 0050（元大台灣卓越 50 基金） VTI（Vanguard Total Stock Market ETF，Vanguard 整體股市 ETF） VT（Vanguard Total World Stock ETF，Vanguard 全世界股票 ETF）
實體債券： 政府公債、公司債	債	債券型 ETF： BND（Vanguard Total Bond Market ETF，Vanguard 總體債券市場 ETF）
現金存款 黃金現貨	現	貨幣型 ETF 加密貨幣 ETF（高風險資產） BITO（ProShares Bitcoin Strategy ETF，ProShares 比特幣策略主動型 ETF） 美元指數 GLD（SPDR Gold Shares，SPDR 黃金 ETF）

列出圖表 3-1，是為了讓各位先有完整的概念。資產配置並不是只有股債配置，還有其他的項目可以搭配，所以不要被侷限住。資產配置本身有無限的可能性，只是我們現階段資金太少，可配置的項目才會受限。

　　最簡單的配置比是「房、股、債、現」為 4：3：2：1。若是不想配置房地產，那就只保留「股、債、現」，穩健型的配置比例建議為 6：3：1；穩健偏保守型，則建議抓 3：6：1。

　　如果你喜歡歐印（All in），一次全部投入，但是不想配置現金，A 大會建議參考「效率前緣曲線」，以股票 8、債券 2 來開局。這是經過驗證的股債配置方式，這樣的組合波動區間最小，最不會受到市場的漲跌所影響，能夠在經歷長時間投資後，帶來穩健的報酬率。（註：效率前緣的意義是，「總風險相同時，相對上可獲得最高之預期報酬率」或「預期報酬相同時，相對上總風險最低」的投資組合。）

　　所以在理財實務上，資產配置應該要做兩次：一是剛開始規畫收入的時候，把生活費、儲蓄錢、投資錢分配到位；二是開始投資一段時間之後，資產累積到一定程度，再運用金融工具來做配置。

打造你的財務大樓

其實理財和資產配置，就像在蓋一棟財務大樓。

圖表 3-2　用資產配置打造財務大樓

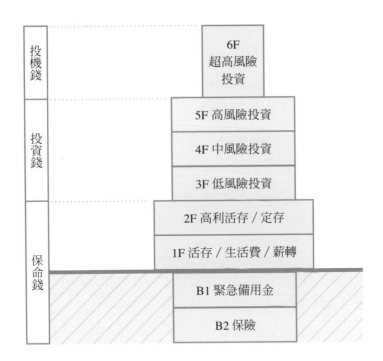

一般來說，要先有薪轉戶，才能夠建構緊急備用金，放在 B1 就是為了有備無患，像是儲備糧水的概念。至於 B2 的保險，請把它當成防空洞，你永遠不知道老天爺會在什麼時間點捉弄你，所以保險是**「寧可今生不用，不可一日不備」**的備用配置。如果你的人生遇上了無法承擔的風險，有沒有保險就會差很多。最簡明的比喻就是：如果有一天你跟超跑發生車禍，你該怎麼辦？

B1 的緊急備用金，是不管你發生任何事，都能在第一時間接手照顧你的錢。擁有緊急備用金，可以降低許多生活風險與投資風險。而在地上建築物的部分，比較扁平寬大的兩個部位是 1F 的薪轉戶／傳統活存帳戶，以及 2F 的儲蓄戶／高利活存帳戶／傳統定存。當你的資金已經全部到位，第一備用金也補齊了，如果對於那個額度沒有足夠的安全感，你可能就會想再另找地方多存一點。

蓋財務大樓，就是把錢依序擺放到正確位置：薪轉 → 第一備用金（B1）→ 第二備用金（2F）。萬一真的有狀況需要用到錢，先從第二備用金（2F）開始動用，第一備用金不動用的原因在於，如果你剛好需要信用貸款，至少還會有個不錯的財力證明。

若不想存第二備用金，也可以直接轉向投資，再往後就看你想蓋出幾層的財務大樓。每個人蓋出來的建築會長

得不一樣，重點在於，這棟大樓能爲你提供什麼樣的理財收入。

$ 「保險」是財務大樓的防空洞

　　Ａ大想特別談談「B2：保險」這個區塊的知識，特別是機車的保險。騎乘機車上下班，發生車禍的機率不算低，根據統計，國人平均每十年會遇到一次車禍，換句話說，使用率最高的保險正是機車的強制險，以及強制險之附加駕駛人傷害險、第三人責任險（任意險）。各位要先有這個概念：投保「第三人責任險－財損」是爲了要賠給對方用，但這會涉及肇事責任比例的問題，如果自己不會處理車禍，建議加保第三責任險，委由保險公司代談理賠與和解事宜，而且要報警，並取得事故三聯單。

　　還有一點很重要：只要你自己有受傷、流血見紅，或是車輛有損傷，**請一定要報警，並且至醫院急診室驗傷**，如果車子有倒地且頭有撞到馬路，務必告知醫師，並**檢查是否有腦震盪的狀況**，這樣才能請保險公司協助處理後續。由於近年名貴轎車、昂貴跑車滿街跑，若經濟狀況許可，建議再加保「超額責任險」，以防自己騎車跟超跑發生車禍，光是賠償就會讓人欲哭無淚。

人身保險的部分，除了建議投保社會保險的勞保、軍公教保險之外，如果還有預算，也建議自行投保實支實付的醫療險、意外險。若保險的預算不太夠，至少這兩項要先投保。

很多人會陷入一個迷思：保險投保了都沒用到，感覺很浪費。但換個角度想，你都沒有發生意外，也沒有生病需要開刀、住院，那不是很好嗎？平安健康就是福。保險，沒用到最好，萬一真出事了，至少負擔也不會那麼重，投保保險的用意是轉嫁我們無法負擔的風險，不是要買來回本的。就把保險費當成是繳保護費給銅鑼灣的扛霸子，出事了，他會出來幫你喬醫療費。

至於定期壽險，就看你還有沒有預算投保，如果還有一點預算空間，可以往「留愛不留債」的方向，去做點保險規畫與生涯規畫，等到你以後買房子時，再去考慮要不要辦理房貸壽險。

台灣有一個奇妙的現象，如果你的名下有資產需要繳稅金，通常是需要投保保險的。而「健康」是人生最重要的資產，所以說，你理應要替自己的健康投保保險。

簡略的對應概念如圖表 3-3：

圖表 3-3　稅金綁保險的概念

所得稅（五月）	人	壽險、醫療險（實支實付）、意外險（實支實付、骨折、燒燙傷）、疾病險、手術險、防癌險、失能險、長看險、長照險
牌照稅（四月）燃料稅（七月）	車	汽機車強制險、附加駕駛人傷害險、汽機車第三人責任險（含體傷、財損）、超額責任險、碰撞險、失竊險、拖吊險
房屋稅（五月）地價稅（十一月）	房	火災險、地震險、綜合房屋保險

　　保險也是資產配置的一環，但不要買太多，至於儲蓄險，A 大則是不推薦，尤其是千萬別買儲蓄險當作買房基金，畢竟買房很靠緣分，如果你看到喜歡的房子，但是儲蓄險還沒到期，那麼要不要解約，就是一場天人交戰了。畢竟儲蓄險未到期、未回本，提前解約一定會有損失。

錢不多，該怎麼投資？

　　投資的感覺，就像你拿著一把籌碼在拉斯維加斯的賭場大廳閒逛，思考該賭什麼好（投資什麼好）？以台灣的金融環境來說，可以投資的項目不少，除了台股，亦可透過複委託去投資美股、日股、港股等等，因為選項太多，

往往會讓人面臨選擇困難。

可能有人會問：「Ａ大，雖然我收入不錯，可是有家庭包袱，可以投資的錢不多，那我該怎麼辦？」

如果有家庭包袱的話，理財未必是最重要的事，反而要先照顧好自己，才有能力去照顧你想照顧的人。投資可以創造的理財收入，有股價的價差資本利得，以及股票的現金股利與股票股利。但，如果你的生活壓力很沉重，Ａ大會推薦一個最優秀的投資方式，叫「定期定額」。

定期定額之所以優秀，並不是因為它最賺錢，而是因為它最省事，還能克服人性弱點，避免被人為判斷或情緒因素影響投資獲利。既然你的錢不多，那就要看能不能每個月固定提撥幾千元，讓自己擁有一條能夠持續投入的投資現金流。

投資想要賺錢，生活不能缺錢，如果你的日常開銷常常透支，要進一步談「固定投資」就會比較難。如果沒辦法固定提撥一筆資金來投資，請你回到上一步，先整理財務，暫時別跳到累積財富的階段。

$ 用定期定額投資來分散風險

Ａ大認為，如果每個月能夠投資的錢低於一萬元，都

第一部
珍惜現時，享受人生，計畫將來

第二部
分配收入，整理財務

第三部
累積財富，創造理財收入

算「錢不多」，那麼投資項目最好不要超過三檔。可能有人會問：「投資不是要分散風險嗎？」這固然沒錯，但 A 大要提醒，並不是買越多檔個股，越能分散風險。風險分散也有其他方式，比如採用定期定額的投資策略買進美股 ETF（VT，Vanguard 全世界股票 ETF）。光是這句話，就已經把風險分散了三次。但是實務上，你只買了一個標的。

哪有可能那麼神奇？來，A 大解釋給你聽：

首先，定期定額的用意，是為了分散買進風險，靠著固定週期的投入，每次買進的價位不同，因此買進的價格就會被分散掉，變成平均成本。還有，正因為每個月可投入的錢不多，所以採用類似固定儲蓄的方式，慢慢累積股數，這樣亦能達到累積財富的效果。

第二，若要每個月定期買美股，就要定期換匯，而匯率的波動不會太大，就算是介於 28 到 35 之間，最多也才 25% 的震幅區間，而且美金一個景氣循環通常需要好幾年，匯率風險在換匯週期拉長之後，就會被大幅抵消，只要持續買進的時間夠長，匯損就能控制在 10% 以內。

第三，買進一股 VT 等於是間接投資了全世界的優質企業，VT 的成分股都經由精挑細選，裡面分散的標的接近一萬檔（註：VT 的持股數量會持續變動，此為 A 大撰稿當下的數量）。每個月新台幣 3,000 元的投資，若要買

下全世界的股票，大概只有買 VT 才能辦到。換算下來，每檔個股的投資金額可能還不到新台幣 0.3 元。

上述三點，說明了定期定額購買美股 ETF 在買進價格、匯率和投資標的這三個方面，都做到了分散風險。雞蛋不要放在同一個籃子裡，但買了 ETF，就等於買了很多籃的雞蛋放在巨型貨輪上，如果全球股市沉了，我們才會跟著一起沉下去。

不過要提醒各位，投資大盤指數型的 ETF，其報酬率在多數的情況下，還是有可能會落後大盤績效，但是也不會差太多，這點就不要太介意。

如果你沒有辦法在年初一口氣拿一筆錢出來定期投資，就**採用按月定期定額的方式來投資**。建議使用證券商提供的軟體，去操作與設定每個月的扣款金額，這樣就不用自己買股票，也不用盯盤，唯一要認真看待的事，就是讓自己每個月都有錢可以在扣款日的前一天被圈存。當定期扣款軟體偵測到你有足夠的錢可以買股票，在隔日開盤的時候，系統就會幫你自動買進，所以連出價這個步驟都可以省略。接下來呢，就可以開始享受無聊的投資生活。

買 VT 真的很無聊，看盤也沒有用，畢竟你又不能操控全世界的股票。如果你過去是買什麼賠什麼的小散戶，A 大推薦你嘗試買 VT，俗話說得好，**打不過他們，就加**

入他們。既然你主動操作的投資報酬率無法贏過大盤漲幅，那就跟著買大盤，至少不會慘賠出場。還有一個重點是，別想著要頻繁進出，抓波段的高低點去買進賣出，只要等著領季配息就好。剩下來的時間就是去想想如何升職或加薪，設法增加收入。

買指數型股票，唯一的缺點就是若本金不夠雄厚，你能賺到的錢自然就會比人家少。如果可以把每個月 3,000 元的投資提高到 1 萬元，相信你在累積財富的路上就會很有感。

有了稍多一點的錢，又該怎麼投資？

如果每個月可投資的金額有 1 萬元以上，變化就比較多，例如部分台股、部分美股。若想全部投資美股也可以，但是券商就要好好挑選，畢竟一年 12 萬元的投資，大約折合 4,000 美元，不妨考慮優惠較多的海外券商。海外券商下單免手續費，也可以設定股利的自動再投入，這些台灣目前都還沒有。短期內選擇「複委託」，算是沒有辦法中的辦法。

如果是部分台股、部分美股，可以考慮三種配置方式：

第一部
珍惜現時，享受人生，計畫將來

第二部
分配收入，整理財務

第三部
累積財富，創造理財收入

台股 30% 與美股 70%、台股 50% 與美股 50%、台股 70% 與美股 30%。投資是自由的，要怎麼搭配由你決定，就看你覺得哪一個市場比較穩定。至於保留在台股的投資，其中一部分是為了避免自己有需要用到台幣。

在理財規畫中，可以將手上的持股當成「第二或第三備用金」。當你需要用到錢，就可以優先考慮把有賺錢的部位賣掉。至於那些沒賺錢的，就慢慢跟它熬。

開始享受無聊的定期定額投資吧！

為了讓投資變得很無聊，無聊到你不會想要去看盤，A 大建議可以做這三件事：

① **開立一個具有自動定期定額扣款功能的券商帳戶**。例如永豐大戶投，其中的「豐存美股」選項，就有自動定期定額申購美股的功能。

② **設定你的投資標的**（例如 VT、VTI、VOO、SPY），接著設定每個月要扣款的金額（例如 100 美元、120 美元；豐存美股的定期申購級距為 10 美元），最後是設定你要定期扣款的日期（目前有三個扣款日可供選擇：6、16、26）。

③ **定期換匯，讓扣款帳戶內有足夠的錢可以讓定期定額申購扣款。** 連結永豐大戶投的外幣帳戶可以是DAWHO數位帳戶中的外幣帳戶，或是永豐銀行的實體外幣帳戶。唯獨要特別注意的是，手續費為外加，大約是0.3到0.4%。也就是如果你每個月扣款1,000美元，就會多出3到4美元的手續費。券商的手續費收費標準具有時效性，此處所寫的是優惠價。如果手續費不足，系統就不會幫你做自動申購的動作，為避免這樣的狀況，建議多放幾塊錢美元在帳戶裡。

當一切都設定好，你只要負責存錢與定期換匯，然後等著扣錢就好。如果都沒有更換投資標的，可投資金額也沒增加，那就僅需設定一次，直到你不想扣款投資為止。

不要貶低自己的投資行為

A大接觸過許多理財諮詢個案，發現有許多人對數字不是很在行，但是如果A大直接建議每個月固定存多少就好，他們反而比較容易接受。這些人的投資心聲是：

「希望有一個可以閉著眼睛買的投資標的，買進就不去管它。」

第一部
珍惜現時，享受人生，計畫將來

第二部
分配收入，整理財務

第三部
累積財富，創造理財收入

「我實在很懶，叫我每個月在那邊算可以買幾股，真的不想算，覺得很複雜。」

「如果有一個可以完全不用自己手動的投資方式，我會比較有意願。」

「最好每年都會配現金給我，這樣我就不用去賣股票了。」

如果上述任何一點說中了你的心情，那麼 A 大會真心推薦你，直接使用定期定額的投資方式來為自己累積財富與創造理財收入。

很多人都會自我解嘲說，這叫「無腦投資術」「懶人投資法」，A 大其實很不認同。為何要跟別人一起貶低自己的投資行為呢？曾經聽到一個月收入 2、30 萬的醫生也這麼說，讓我實在是無言以對。A 大可以老實告訴各位，定期定額投資法，其實是最強又最聰明的投資方式。我不敢說它是最賺錢的，但肯定能讓你穩健累積財富。

為什麼 A 大會這麼篤定？因為這個投資方法超級容易理解，而且心法也超簡單，只有二十個字：**定期投資，莫忘風險，閒錢加碼，長期持有，等著領錢**。精簡到極致，就是**定期存錢，自動投資，等著領錢**。──這就是 A 大要送給初學者的投資箴言。

而本書的主軸，也是 A 大要送給初學者的理財規畫

箴言，則是這三十個字：**分配收入，整理財務，累積財富，創造理財收入，珍惜現時，享受人生，計畫將來。**

以上五十個字的理財金律，就能概略地詮釋「投資理財規畫」的真義，這也是 A 大的心法。

A 大送給初學者的投資箴言

這二十個字的箴言，我的詮釋如下：

定期投資： 定期定額的投資，是累積財富、創造理財收入的關鍵，而且是最不用費心思照顧的投資。請記得，所有的一切都從定期定額儲蓄開始。如果你是投資0050，那麼只要秉持信念，相信台股會緩慢且持續地穩定向上，並且每個月投入一筆固定的錢去買台股。靜靜等待，然後享受大盤成長時所帶來的資本利得成長。

莫忘風險： 風險一直都在，只是有些被我們忽略了。如果你選擇了指數化投資，要承擔的風險就是兩種，一是黑天鵝風險，二是系統性風險。系統性風險是指大盤不好的時候，大多數的個股股價會一起往下，連帶的指數型基金的股價也會往下。市場不可能永遠持續向上，總會有降溫大修正的時候，這時候不要恐慌，定期定額會在市場向

下時，幫你買進更多的股數。等市場回溫，微笑曲線再現，報酬自然會轉正。當你的投資時間夠長，定期投資ETF就能降低風險。然而，也請務必留意「斷炊的風險」。

閒錢加碼：上班族會有大筆閒錢的時機，往往是領完年終之際。不妨考慮要不要等下跌時再加碼，如果不想傷腦筋，那就提高每月的扣款金額，這也是一種加碼策略。

長期持有：長期持有，就是不要隨便賣股票，不要被市場的短期波動所影響。堅持不懈地繼續買進，市場與時間，會帶給你豐厚的合理報酬。一般來說，如果是單筆投入 VT，預估的年化報酬是 7 到 9%，但 A 大必須提醒，這是至少放五年才有的年化報酬。你可以把股票當成房子來持有，優點是不會有折舊的問題，也不會有租客遲繳房租的困擾。

等著領錢：指數型基金的報酬，一是大盤成長的資本利得，這個要把股票賣掉才能變現。二是該指數型基金所發放的現金股利。尚未進入退休生活之前，你必須學會好好運用現金股利，可以把這筆錢想像成是房客在繳納租金給你，大約是一季一次，或一年兩次，又或者是一年一次。

這套買指數型基金的心法，也適用於存股。但存股的風險，比你想像中還要高出許多，畢竟該檔股票要自己承擔所有的漲跌風險。若存股標的選錯，有可能會屍骨無

存，這點要特別當心。爲避免存股變存骨，建議至少將
50％的資產放到指數型基金的投資部位。

建立金錢的分身，是爲了以後能過上更好的生活

我想大家的目標都是一致的，投資就是爲了拚財務自
由、提早退休，不然幹麼那麼累？至於哪一種投資方式比
較好？Ａ大認爲「你爽就好」。買指數並長期持有，或者
是閉著眼睛，不問股價的持續存股，其實有相似之處，最
大差異就是一開始選擇的標的不同。有人想要安心，而且
不想讓基金公司賺取管理費與經理費，於是選擇了個股，
或者是其他主動型 ETF 或主題型 ETF（例如 0056）。Ａ
大並不會告訴你最強的投資標的，畢竟今日王者，有可能
變成明日亡者，什麼時候會往生，你也不知道。

當你已經開始領到投資報酬，甚至是財務自由之後，
同樣可以實踐 Ａ 大的理財箴言，但可以調整爲：**分配理
財收入，整理帳單財務，持續累積財富，繼續創造理財收
入，珍惜現在，享受餘生，計畫退休生活。**

在累積財富時期，我們的收入有很大一部分來自工作

收入，但是在你擁有了「金錢的分身」之後，就會有理財收入要去分配。最簡單的當然是股利直接再投入，可惜這樣的自動機制在台灣並不普遍，所以短時間內，你還是要手動操作，把用不到的現金股利，手動再投入。

也許有人會說，以後老了去住養老院就好，那問題來了，誰要幫你付帳單？至於為何要繼續累積財富，那是因為長壽也是一種風險，你並不知道自己會活到幾歲，如果人還沒走，但錢花完了，那不是很囧？

在你累積了長久的投資經驗後，如果沒有特殊用錢需求，就讓財富繼續增長，直到生命最後倒數的時刻。當你開始罹患疾病，而且無法治癒，到了那個時候，創造理財收入就不再那麼重要了。你更應該為自己想想，在最後的這段時間，有沒有什麼事想要去完成？例如太空旅行。

財務自由之後，在最後的餘生當中，你想過什麼樣的生活？其實可以在現在這個人生階段，找幾天好好體驗一下。例如點菜不用看價格、出遊的時候住好一點的飯店，或是做自己熱愛的事。**理財的重點，是別讓人生留下遺憾。**

年年出國的理財規畫：
用非薪資收入來享受人生

　　理財與儲蓄、投資，都是要循序漸進的，當我們的總資產來到了 100 萬以上，下一步該怎麼走？

　　A 大的答案是讓投資的資產突破 100 萬，理想是一年的現金股利有 4 萬元以上，然後預留好生活費和緊急預備金，再去決定**要把現金股利再投入，還是拿來享受人生。**

　　我建議，讓該年度的現金股利決定自己有多少旅費可以運用。接下來就能思考，要去哪裡玩？假設是日本，那麼預算夠不夠多待幾天？你可以自行決定是否要提升旅行的爽度，如果領到手的現金股利不如預期，也可以從亂花基金拿錢出來貼。沒錯，亂花基金也可以拿到國外使用。別太苛求自己，旅行是這樣的，有很多景點，說不定你這輩子只來一次，有什麼想體驗的就去做吧，別留下無緣與殘念。

　　為了讓自己玩得更放心，在那之前，我們還是要好好

理財。先計算出自己的總資產是否有達標，如果達標了，再決定要用什麼方式來獎勵自己。你可以寫在夢想筆記本上，例如：總資產突破 100 萬的時候，要去哪裡慶祝？又或者，投資部位的資產突破 100 萬的話，要去哪個國家好好享樂一番，犒賞努力存錢的辛勞？

如果你是果粉，但不愛出國玩樂，甚至可以規畫每年都換新手機。至於資金的來源，當然還是用現金股利來支出，因為花掉理財收入的痛覺比較少，要是花了自己的血汗錢，那痛覺往往會持續很久。

學習統計自己的總資產

我們可以依照○到五這六大項目，逐一檢視自己的資產，並記錄下來。（註：不包含房屋、土地市值。）

○、**目前緊急備用金的額度**，以及存放銀行。（註：建議緊急備用金不計入最後的可用資產加總。）

一、**銀行台外幣活存**。若你有五家銀行的帳戶，建議分成五列記錄。

二、**銀行台外幣定存**。記錄你存了幾筆、在哪幾間銀行。

三、**海內外股票目前的總市值。**一家券商列一筆資料；台股、美股分開寫，請按照匯率標記為台幣市值。

四、**壽險保單、儲蓄險台外幣之可借款金額。**請注意，已經繳納之保費，不等於可動用的金額。

五、**個人，非金融市場、非金融工具的投資。**像是投資私人企業，或是透過親友的私人投資。

以 A 大為例，我的資產紀錄如下：

○、緊急備用金：30 萬（存放在永豐大戶）

一、銀行台外幣活存：

圖表 3-4　A 大的活存紀錄

台幣存款	外幣存款
臺灣企銀：80,000 左右（去尾數） 永豐大戶：350,000 左右 台新數位：50,000 左右 新光銀行：70,000 左右（股票交割帳戶） 渣打銀行：10,000 左右（貸款扣款帳戶）	永豐大戶外幣帳戶：1,500 美元左右（去尾數） 折合台幣約 1,500 × 27.5 = 41,250

二、銀行台外幣定存：目前沒有，暫時以數位帳戶的高利活存來取代。

第一部
珍惜現時，享受人生，計畫將來

第二部
分配收入，整理財務

第三部
累積財富，創造理財收入

三、海內外股票總市值：

圖表 3-5　A 大的股票紀錄

台股投資	美股投資
新光證券：400,000 左右（新光銀） 永豐證券：50,000 左右（波段操作戶）	永豐豐存美股：10,000 美金左右（去尾數） 折合台幣約 275,000

四、儲蓄險台外幣之可借款金額：A 大沒有儲蓄險，但是有可以借錢的傳統保單，約 15 萬（去尾數）。

五、個人，非金融市場、非金融工具的投資：透過親友投資夾娃娃機，10 萬。

圖表 3-6　A 大的總資產統計（不含備用金）

項次		金額
一	小計：	601,250
二	小計：	0
三	小計：	725,000
四	小計：	150,000
五	小計：	100,000
	合計：	1,576,250

統計出來的數字 1,576,250，就是 A 大在現階段「最大的可用金額」。為了讓帳務看起來簡單明瞭，建議不計入緊急備用金的額度，並且再扣除保險可動用的部分。

讓投資部位的資產累積超過 100 萬，就是我們在理財的第二階段所要做的事，因為這關乎你能不能用理財收入來享受人生。

為求方便計算，A 大再把尾數去掉一次，讓總資產變成 157 萬。原本就不計入備用金 30 萬，接著再扣除保險可動用的 15 萬，A 大實際上能夠用來創造理財收入的本金大約是 142 萬。但我並不是一開始就擁有 142 萬可以去投資，而是一點一滴慢慢地建構起來。

如果你手上有一筆存款是閒置的，請務必好好規畫。存摺中若放太多現金，用途不大，很浪費金錢的使用效率。至少要把閒置資金放到活存或定存利率較高的地方，但是千萬不要跟著銀行特惠活動，去買外幣做高利定存，因為你永遠不知道何時會**賺了利差，賠了匯差**。「利差」是外幣定存利率與台幣定存利率之間的差距，而「匯差」是買進時與定存到期時，這中間的匯率差距。

如果美金定存利率為 3%，台幣定存利率為 1%，外幣定存看似比較划算，然而，有可能在銀行高利定存活動時，美金的銀行賣出匯率是 29.50，結果定存到期時，美

金的銀行買進匯率只剩下 28.50。這就是所謂的賺了利差，賠了匯差。

計算「資產增加率」，檢視存錢進度

那麼，我們該如何一步一腳印的創造「非薪資收入現金流」，用來享受人生？

首先，要檢視自己的存錢進度。比較常用的方法是「檢查資產的增加率」，一年最多兩次即可，不用每個月都去算。A 大是覺得，生活總要有一些「期待」，才會讓自己更有動力去做儲蓄與投資。「資產增加率」的計算方式如下（萬以下的數字捨去）：

$$\left(\frac{\text{今年的資產總額}}{\text{去年同時間記錄的資產總額}} - 1 \right) \times 100\% = \text{資產增加率}$$

$$\left(\frac{157\,\text{萬}}{125\,\text{萬}} - 1 \right) \times 100\% = (1.2560 - 1) \times 100\% = 25.60\%$$

兩招教你建構理財收入現金流

有個朋友小魚曾問過Ａ大：「如果想要每年有4萬元的現金股利來當作旅費，該怎麼規畫呢？」

當時我這樣回覆他：「看你要『押孤枝』，還是配置一個投資組合來分散風險，然後慢慢分批投入。再來是看你有多少資產可以用來配置？如果目前是零存款、零投資，我會推薦買指數型基金。」

Ａ大不知道小魚的存款狀況，所以採用標準回覆，也就是當作他沒有存款。如果你已經有一筆存款，也已經開始在做投資，規畫的方式就會不一樣。

理財收入現金流，也就是非薪資收入現金流的建構方式，其實有很多種，在此先介紹最入門的兩種。

⑤ 建構理財收入現金流的方法①：
押孤枝

押孤枝，就是定期定額買進市值型／市場型指數型基金。這個再簡單不過的策略，是Ａ大認為最簡單且最優秀的方式。定期定額買進「市值型 0050 ／ 市場型 VT」

ETF，這招特別適合零存款、零投資的理財新手。

買進 0050、VT 這類的指數型基金，然後長期持有不賣，可以預期的收益有二：長年累積的資本利得，意即長線價差，以及固定時間發放的現金股利，也就是「自動的理財收入」。因為你不需要自己去賣股票，每隔一段時間就會有錢存入帳戶。其規畫流程是：

薪資收入 → 定期投資股票 → 產生現金股利收益 → 撥款至生活費指定帳戶（註：如果沒有特別指定，一般來說會直接匯入股票交割帳戶。）

如果你有專用的信用卡扣款帳戶，就可以讓現金股利匯款到指定帳戶，直接用現金股利來支付旅遊開銷。如果再搭配信用卡「結帳日」的隔天開始刷卡，卡費最多還可以延遲四十五天再付款。就算現金股利還沒入帳，也可以先用信用卡去刷便宜的機票，等到現金股利入帳，再用來扣信用卡卡費。

當然，你的標的也可以是個股，但 A 大比較不建議。畢竟現在前景看好，將來卻未必有「錢景」。簡單舉個例，昔日股王宏達電、手機大廠 NOKIA 與摩托羅拉，在熱潮退去，被對手超越之後，下場都差不多，股價一瀉千里，要重返榮耀似乎不容易。因此常有人戲稱，存股一個沒弄好，可能會變「存骨」，存到最後屍骨無存。

而長期持有指數型基金，則比較不會有這個問題，尤其是像 0050 這類的市值型指數基金，它會幫你自動汰強換弱。

⑤ 建構理財收入現金流的方法②：配置投資組合

第二種方式，就是配置一個投資組合來分散風險，並且讓指數型 ETF 在投資組合中，大約占一半。

至於個股呢？買個股有兩大魅力：首先，比起 ETF，個股的優勢是沒有內扣費用，但是相對要承擔較多的風險，因為你不知道這支股票什麼時候會出事，然後兵敗如山倒，股價被打趴；另一個則是個股打敗大盤的可能性。某些個股本身的殖利率就會贏過大盤，而某些個股的現金股利殖利率則是經過長期成長後，因為你的持有成本低，而提高了現金殖利率，因而造就你的「持有成本殖利率」可能會超越大盤的殖利率。

而「理財收入現金流」的布局方式，至少要有一個投資標的是「以定期定額為主，不定期加碼為輔」。

Ａ大建議，買進「市值型／市場型指數型基金」就採用定期定額為主，也就是不用刻意擇時間進場，買進之

後，就不用費心思去照顧了，讓它跟著大盤隨波逐流。**不用停損，也不用停利，就是一直固定時間買進**。如果真的很想加碼，就等大盤從高點跌落 20% 到 30% 的大修正時，再去加碼買進一點點。

要特別注意的是，如果你是加碼買台股，那庫存會合併計算；如果是美股，就要特別去看交易說明。以永豐豐存美股的定期定額方案為例，其單筆買進與定期定額的庫存會分開計算，在賣出時，就要被收取兩次的手續費。

而在比例的配置上，建議讓 ETF 大約占投資資產的一半。投資 ETF 最大的缺點是，不會有立竿見影的效果，而最根本的原因是我們的本金還很少，當然比較難看到顯著的效果。

至於剩下的未配置的部分，可以根據自己的眼光與喜好來搭配投資組合。為什麼要說自己的喜好呢？因為在台灣買股票，某些企業還會送股東紀念品，有些人就是對贈品無法抗拒。當然，我們也可以到購物網站去買股東紀念品，但有人就是喜歡自己領的那種感覺。如果年年都要領取紀念品，基本上你這張股票就不能隨便賣。有不少股東紀念品的基本門檻是要持有一張（1,000 股）才能領。

那麼存股的魅力在哪裡？如果你選對了好公司，例如護國神山台積電，從股價 60 多塊錢抱到 600 元，對於買

在 60 塊錢的人來說，現金股利殖利率會來到大約 4.583%
（2.75 ÷ 60 ＝ 0.04583）。這是每一季的數字，所以每
年光是現金股利就領了 18%，這還不包括股價從 60 漲到
600 元的資本利得。

存股的操作，大致上分成兩個派系，一是買進之後就
不打算賣出的；二是零存整賣，做長波段存股賺價差。一
般來說，A 大推薦的是第一種，買進之後就不賣，不停損
也不停利。而另一派的零存整賣，指的是股票下跌時不停
損，然後持續買進，但是會停利，也就是說股票漲到一定
程度，還是會賣掉，然後等股價下跌再去買回來，繼續領
股利。

單筆投資好，還是分批慢慢投入？

如果你已經有一筆資金，但不曉得該怎麼投入，比較
常見的投資手法，就是把一半的資金單筆投入，或是比較
大額的分批投入。

以 50 萬的資金為例，你可以考慮一次投入 25 萬，剩
下的用定期定額慢慢扣款。或者是比較大額的 5 萬，分五
次投入，剩下的 25 萬，可以每隔十天扣款 1 萬，大約是

分二十五次扣完，以分散資金的方式來投資。

單筆投資好，還是分批投入好？其實這個問題目前還沒有標準答案。但是參考過去的紀錄，若是用年初投入、年底結算來比較，通常單筆投入會比分批投入賺得更多一些。也就是說，在年初投入單筆資金的投資效果，會比分批投入來得好。

美股與台股常見的投資組合

有一句名言是這樣說的：在投資市場中能不能賺錢，99% 都跟資產配置有關。而投資組合也是資產配置的一種，只是稍微被侷限在股票的投資。

資產配置的項目有無限多種，但我們先談簡單的就好。由於近年指數投資很熱，許多人都聚焦在「股債配置」，卻忘了資產配置至少有四種最基本的投資項目：房、股、債、現。

投資組合該怎麼配？不妨先參考較常受到推薦的方式，以美股為例，就是柏格頭論壇的「三基金」投資組合：VTI（全美股票市場指數）、VXUS（非美國股票市場指數）、BND（全美債券指數）。

我們也可以在台股中自己湊一個「金雞母投資組合」，作為指數型基金之外的配置，以領取現金股利為主要考量：

金：金融股、金控股（註：官股、民營）
雞：台積電（季配息）、與台積電相關的產業股
母：集團母公司的股票，比如中鋼、台塑、鴻海……

A 大推崇的投資配置方式是，**用「現金股利」來維持基本生活開銷，用「指數型基金的資本利得」來享受人生。**但也要小心存股的風險：如果個股不發放現金股利，你要靠什麼維生？

從現金股利「反向規畫」投資組合

理財規畫的手法很多，而多數人都是採用「順向規畫」，簡單來說就是：買進這檔股票後，可以幫我創造多少現金股利？

A 大的規畫方式，則是以預估現金股利的方式，來反向搭配投資組合。例如：每年的現金股利需求是 4 萬元，

假設我們的要求不高，只想要有一個報酬率 4% 的投資組合來創造獲利。那最簡單的估算方式就是：40,000 ÷ 0.04 ＝ 1,000,000。也就是說，我們的本金大約需要 100 萬。

如果是搭配一個 5% 的投資組合，40,000 ÷ 0.05 ＝ 800,000，本金大約需要 80 萬。各位可以看到，當投報率越高，我們所需的本金就越少，但是相對的，投資風險也越高。

若要分散風險，可以把 4 萬元的旅費需求拆成四個部分，選擇四到六檔股票來搭配一個投資組合，讓每年收到的現金股利能符合預期。也就是以下的配置方式：

10,000 ÷ 0.03 ＝ 333,333（所需投入本金）
10,000 ÷ 0.04 ＝ 250,000（所需投入本金）
10,000 ÷ 0.05 ＝ 200,000（所需投入本金）
10,000 ÷ 0.06 ＝ 166,666（所需投入本金）

就算其中一檔股票不發放現金股利，我們至少可以維持 75% 的旅費替代率。以上述的投資組合來搭配，僅需花費約 95 萬就能達成。這就是考量「現金股利」來反向規畫的方式：為自己設定好目標，一定要領到固定的金額。

第一部
珍惜現時，享受人生，計畫將來

第二部
分配收入，整理財務

第三部
累積財富，創造理財收入

順其自然，讓現金股利決定你的旅遊預算

以上，就是以 4 萬元為旅費目標的理財規畫，但還有另一種享受人生的方式，就是不預先設定旅費，而是讓現金股利來決定，今年可以怎麼享受假期。

如果今年大豐收，就可以考慮去比較遠或是消費比較貴的國家，甚至拉長旅行的天數。這個步驟，可以等到該年度現金股利公布時，再來規畫。如果領得比較少，不妨考慮去消費比較便宜的國家，比如東南亞的泰國、峇里島、吳哥窟、菲律賓等等。**旅遊預算由現金股利來決定，這種規畫方式，就不會吃到你的投資本金。**

如果要帶長輩出門，或是不想要自己辛苦規畫，不妨考慮旅行社的跟團方案。若是想自助旅行，那 A 大會建議你趁著年輕，早點學習要如何規畫。最基本的就是訂機票和飯店，再來是你要去幾天、睡幾個晚上、有沒有特別想去的景點、特別想吃的東西，還有列出自己必買的購物清單。

要特別提醒的是，最好要買旅行平安險和旅遊不便險，因為你不知道在國外會遇到什麼狀況。如果是跟團，則要留意旅行社的費用是否包含旅平險與不便險，免得開

第一部
珍惜現時，享受人生，計畫將來

第二部
分配收入，整理財務

第三部
累積財富，創造理財收入

心出門卻掃興回家。這筆開銷其實不大，有買有保佑，如果信用卡有送旅平險與不便險，記得不要隨便刷退機票。

另外要留意的是海外醫療，我們在台灣習慣了便宜的健保看診，而國外看診的費用其實都不低。還有飛機延誤，或是遇到颱風或大雪無法起飛的狀況。這些意外，都有可能造成我們的損失。無法預期的意外，就轉嫁給保險公司去承擔吧！

好好思考，你想要過什麼樣的生活？

A 大為什麼要寫下這篇文章呢？我覺得，各位這麼努力地拚命賺錢，節約度日，為的不就是要去享樂？或者追求不用工作就有收入的財務自由？但，並不是每個人都想要這樣過日子。

財務自由後的退休生活，大致上可分成三種型態：

一、退休後就不工作，整天吃喝玩樂：如果這是你嚮往的，那麼規畫方向會是，先讓自己的理財收入，從足以支付（供應）一次旅遊的費用，直到現金流可以供應你一整年的旅費。

二、退休後，做自己喜歡的事，然後依然有一份微薄的工作收入：以此爲目標，你需要的理財概念是，讓微薄的工作收入可以維持基本生活開銷，用理財收入來盡情享受我們想過的人生。

　　三、不辦理退休，繼續在原單位工作：若是如此，你要記得，工作只是爲了不要讓自己太閒，或者是沒地方去。慢慢把生活的重心從努力工作養家，調整到生活品質的提升，好好安排工作之餘的休閒時間，自由地體驗自己想要享受的閒情逸致。例如：登山看夜景，自備茶具，泃一壺好茶，好好享受靜謐的時光。如果你對拍星雲圖有興趣，還可以架好設備，然後在旁邊煮羊肉爐或麻油雞之類的小火鍋，邊吃邊等待自動拍攝完成。

列一份享受清單吧！

　　建構理財收入現金流的方式有很多種，而享受人生的方式也有很多種。當你不需要再爲五斗米鞠躬哈腰，就要開始好好享受生活。**金錢配置的基本手法，就是用現金股利來維持基本的生活開銷，用股票價差的資本利得來享受人生。**

你可以列一份清單，思考自己想要在未來享受到什麼樣的人生。就算無法出國玩樂，也可以安排一趟輕旅行，或是以嘗遍美食為目標，為自己描繪一張美食地圖。

理財收入一開始的金額雖然不多，但別著急，因為這需要時間累積，吃緊打破碗。此外，若要讓一整年度的理財收入越過一個月收入的門檻，在薪資沒有大幅提升的情況下，大約會需要四、五年的時間。

認真說起來，理財收入的建構歷程很漫長，而且，真的超級無聊。所以，A大建議你好好想一想，該如何享受自己想要的生活。有了目標，才會更有動力往財務自由邁進，活出自己想要的樣子。讀到這裡，就在夢想筆記本寫下你的享受清單吧！

如果你不是從零存款開始：
單筆資金的機械式投資規畫

　　手上有一筆錢，該如何規畫投資？這問題困擾著許多保守人士。把錢放在銀行，經過一年才發現利息好少；東西一直漲價，開銷一直變多，收入卻沒有增加；有一筆不能動的錢，不知道該怎麼處理……保守投資人往往都是儲蓄了很長一段時間，才因為種種原因，突然想通了要來做點投資規畫。

　　A 大目前四十歲，其實大多數的朋友都已經結婚有小孩，所以朋友們的理財問題，不一定是自己的錢要怎麼處理，反而是小孩子的壓歲錢，或者是長輩的退休金該怎麼規畫。

第一部
珍惜現時，享受人生，計畫將來

第二部
分配收入，整理財務

第三部
累積財富，創造理財收入

從壓歲錢的規畫開始思考

有個親戚跟我同齡，但是論輩份，我要叫她一聲小阿姨。小阿姨曾經問我，她把兒子小彥彥的壓歲錢存在銀行，結果存了大半年，利息才8元，現在傳統銀行的活存利率有這麼低嗎？

我說這是真的，1萬元放在銀行，半年的利息只有「2.5元」。在A大撰文的此刻，新光銀行的活期性存款利率如下：

圖表 3-7　活期性存款利率表

類別	固定利率	機動利率
活期存款	-	0.025
活期儲蓄存款	-	0.100
薪轉 200（含）以下	-	0.260
薪轉 200 萬以上	-	0.100
證券戶活期存款	-	0.005
證券戶活期儲蓄存款	-	0.005
愛心儲 200 萬(含)以下	-	1.090
愛心儲 200 萬以上	-	0.100

「啥？不會吧！」小阿姨非常驚訝地說：「那我該怎麼做，才能讓這筆錢發揮最大的效益？這筆錢打算放到孩子上大學，讓他用來繳學費。」

小彥彥目前八歲，上大學的時間點是十八歲，如果只是把錢放在活存或定存，卻不做點投資規畫，A大覺得小阿姨的如意算盤會「破功」。我告訴她，現在可不比民國七、八○年代，把錢放在活存還有不少利息。經過幾番討論，小阿姨決定把錢「定期定額」投入0050，讓財富自動增值。

其實小阿姨把錢拿去投資的用意有兩個，一是避免小朋友亂花，吵著要拿壓歲錢去買玩具，二是教小朋友投資與理財，還有複利增值的概念，希望能透過**股票會發放現金股利**這件事，讓小朋友提早認識**長期投資與長期持有的重要性**，並且了解到，**用錢賺錢是需要耐心的**。

A大覺得「投資耐心」真的要從小培養。沒被訓練過的人，才會想著今日買進，明天漲停賣出。保持耐心，也比較不會一天到晚都在「當沖」殺進殺出。也因為有8元超低利息的經歷，可以讓小朋友知道，把錢放在銀行裡賺不到錢，利息連口香糖都買不起。

彼得・林區曾說：「給孩子最棒的禮物是『股票』。」小彥彥最大的優勢在於，他不需要準備緊急備用金就能開

始投資，因為在這個階段，萬事有父母護著，只要直接告訴他會賺錢的知識就好。

你會怎麼運用現金股利？

小阿姨開始投資的時間點是 8 月 26 日，每個月定期定額 5,000 元，在 2022 年的 1 月 21 日除息日來臨之前，小阿姨一共會買進五次，一共累積 168 股。而每一股會發放 3.2 元的現金股利，小彥彥一共可以拿到 537 元。（註：某些股票會扣 5 或 10 元的匯款處理費，但 0050 沒有。）

圖表 3-8　分五次買進 0050 的歷程

現股筆數：5									
商品	交易日	交易別	股數	成交價	價金	手續費	交易稅	其他費用	收付金額
0050 元大台灣 50	2021/8/26	現買	34	137	4,658	6	0	0	4,664
0050 元大台灣 50	2021/9/27	現買	34	140	4,760	6	0	0	4,766
0050 元大台灣 50	2021/10/26	現買	34	137.55	4,676	6	0	0	4,682
0050 元大台灣 50	2021/11/26	現買	33	138.15	4,558	6	0	0	4,564
0050 元大台灣 50	2021/12/27	現買	33	144.15	4,756	6	0	0	4,762

在我們拿到現金股利後，就可以跟小朋友討論，要拿多少出來給自己當獎勵。看到實際的數字，孩子就會比較容易明瞭。原則上，建議**不超過該筆金額的** 50%，用意是獎勵他一整年都沒有亂花壓歲錢，讓存款老實地在股市裡待著。

然而，最好的處置方式當然是股利**全數再投入**。至於小朋友要買什麼，當父母的就別干涉太多。父母都能有自己的亂花基金了，做孩子的一年有一次亂花錢的機會也不為過吧？

如果小朋友的選擇是「全部再投入」，A 大會建議父母再拿一筆小錢出來，給小朋友當成額外的隱藏版獎勵，或是不給錢，讓他們自己選一個小東西，由家長買單，因為他們做出最正確的選擇。但也不能過度誘導，原則上還是讓小朋友自己選。誘導這招，大概只能使用一、兩次，等孩子長大一點就沒效了。而且，還要看父母的荷包吃不吃得消。

如果孩子說獎勵好少喔，父母就能順便「機會教育」：因為目前投資在股票裡的錢比較少，相對的，能拿到的現金股利就不會太多。

本小利大利不大，本大利小利不小

　　父母可以透過給孩子的機會教育，來思考本金與獲利。A 大常提到一個投資繞口令：本小利大利不大，本大利小利不小。要讓小朋友知道，本金與獲利的基本關係是，本金小，獲利通常不會太多。再換個比方，個子小，可以搬動的糖果餅乾就比較少。那要怎麼搬動比較多的糖果餅乾？那就是乖乖吃飯，努力長高長壯，也就是說，想辦法加大本金，就能獲得比較多的財富喔！

　　如果小朋友對於華文的認識比較深，也可以順便跟他解釋「本大利小利不小」。這句話的意思是，當你的本金夠大，就算獲利只有幾個百分點，金額也是很驚人的。A 大會這樣跟小朋友解釋：如果你有 100 萬的投資本金，就算獲利只有 2%，你也有 2 萬元可以花用，如果只能花一半，那至少也還有 1 萬元，去買你最想要的任天堂 Switch 都還有剩。然後啊，買東西之前，要記得「貨比三家不吃虧」，比價之後，搞不好可以找到很便宜的，當然，也要找有信譽的平台或店家購買，才不會買到假貨。

　　如果小朋友理解能力不錯，我們可以再進一步解說「本小利大利不大」：由於目前的本金不大，就算投資賺

了一倍，你能賺到的錢也不會太多。正確的投資觀念需要點滴學習，積沙成塔。**手上的財富，透過時間複利的效果，也會點滴累積，積沙成塔。**

跟八歲小朋友談現金股利的計算，可能言之過早，畢竟九九乘法表都還沒背熟，要跟他談小數點的乘法，家長大概會很燒腦。不過，如果用比較的，我想小朋友應該很容易就懂：

「你的壓歲錢放在銀行，半年只能生出 8 塊錢，還不夠你去買一條 77 乳加巧克力。現在我們把壓歲錢放到股票裡面，股票就幫你賺了 537 塊錢，至少可以買三十五條 77 乳加了（15 × 35 ＝ 525），這樣好不好？」

「那我想用今年的現金股利買任天堂 Switch，可以嗎？」小彥彥小小聲問。

小阿姨說：「不行誒，因為你現在的本金太小，能夠賺到的現金股利太少，要累積好幾年的現金股利才夠，不然你就要想辦法把本金變大……」

這其實是小阿姨的另一項如意算盤，她覺得小彥彥每次都把零用錢花光，這樣很不好。所以要讓他知道，除了開源之外，節流也很重要。她告訴兒子，讓本金變大的方法就是少吃點零食、少花點零用錢，省下來拿去買股票，增加股票的本金，這樣就能快點用現金股利買到 Switch

了。Ａ大認爲，這招也是在教小朋友**延遲享樂**，還有「先有錢，再去消費」的概念。

投資沒有標準樣板，但是有參考範例

小阿姨的故事正代表著許多人的困擾：手上有一筆錢，不知道該怎麼投資。而最簡單的方式，就是「自動化」的定期定額投資。

這和一般投資書上的定期定額有什麼不同？正如同Ａ大特別強調的字眼「自動化」，也就是說，你設定完一次就好，接下來只要負責做定期定額的儲蓄，把錢轉到扣款帳戶，剩下的步驟，自動下單系統會幫你完成。

常言道，投資最重要的是紀律和長期投入，若要克服人性，最好的方式就是不要看盤，那麼**自動化的定期定額投資**，絕對能讓你既輕鬆又快活地不看盤也能賺到錢。

若要深度探討投資行爲，你自己看價格下單買進的投資，都仍算是主動投資，因爲其中存在著「判斷」的動作。例如：要等到哪一個價格點才出手買進，或是先把價格掛低，看能不能用低一點的價格買進。當你心中開始在比較價格的時候，就有主動投資的味道了。

真・定期定額 機械式投資

　　主動投資與被動投資之間的激烈辯論不知道有幾年了，各家門派的定義與細節都不太一樣。爲了與兩大門派有所區別，我們來創立一個小小的派系：機械式投資派。

　　這個派系的操作非常簡單，就是「久久更改設定一次」，然後持續投資，直到你想退休，或者是想要用錢的時間點爲止。設定好自動扣款的「標的」與「時間」之後，就不用再去看盤，沒有要用到錢的時間，股市的漲跌與你無關。

　　不需要停損，也不需要停利，基本上就是等著領錢而已。如果有需要搭配股利再投入同一個標的，那就自己再調整一下每月的扣款金額。例如原本每個月扣款 5,000 元，由於現金股利的增加，每個月可扣款的金額變多，改爲設定每月扣款 6,000 元。你只要記得一件事，**讓投資變成自動化，這樣就可以了。**

(s) 真‧機械式投資的五不原則：
不擇時、不出價、不看盤、不停損、不停利

執行機械式投資，你只要踏著「領錢舞步」，優雅存錢，從容投資，持盈保泰。先回顧 A 大的投資箴言：**定期投資，莫忘風險，閒錢加碼，長期持有，等著領錢。**再回頭看小彥彥的投資，他才八歲，不太可能對股價有概念；但 A 大說過「年輕就是本錢」，他才八歲，可以承受的市場波動與景氣循環範圍其實很寬。

A 大的投資箴言，說穿了就是在講「持續買進，長期持有，等著領錢」。而我們從股票中領到的錢，就叫閒錢，至於要怎麼加碼，你有兩種選擇：一是股利直接再投入，二是另闢一個新的投資標的。採用的策略是等現金股利入帳後，直接設定扣款買進。

　　為什麼金控投信銀行不願意大力推薦這種投資方式？因為，當你理解了**投資箴言與五不原則**，就可以開除你的理專了，最後，只需要了解你買的投資標的是什麼。為什麼金融機構要把投資弄得很複雜？這很簡單，因為把投資複雜化，才需要專業人士來協助你，並銷售那些他們想要賣給你的商品，利用群眾的無知與客戶的信任，來謀取利益。

小阿姨採用機械式投資的實戰解說

　　小阿姨和我討論的過程中，表示她真的完全不懂股票的專有名詞與術語，只是想透過投資來賺點錢，避免錢放在銀行越存越薄。而且她上班非常忙碌，一邊吃飯還要一邊跟廠商催貨，忙了一整天，還要趕去學校接小彥彥，回到家再準備晚餐、看聯絡簿、盯小朋友寫功課，哄孩子睡覺後，白天沒做完的工作還得繼續。

　　小阿姨說，有時候太晚看聯絡簿，會把自己搞得人仰馬翻。有一次學校老師要教小朋友做三明治，隔天需要帶吐司、水煮蛋、火腿和沙拉。就算有全聯，如果時間太晚還是買不到；跑去便利商店，東西也可能先被同班同學的家長買走。這時候就得浪費更多的時間，跑到更遠的地方去買。

　　當我們的生活已經忙碌到沒時間去照顧投資，最好的方式就是選擇「有提供自動扣款買進的券商」，然後運用定期扣款系統，逐月來幫自己投資。機械式投資的設定步驟如下：

$ 機械式投資 Step 1：
選擇券商，開立股票帳戶

　　爲了讓自己日後在投資路上更輕鬆，開立證券戶時，務必要留意該券商是否提供「圈存式自動定期定額扣款功能」。以元富證券爲例，該券商一共有三套自動定期扣款的投資系統：小資存股 / 定期定額存股 / ETF 存股。

　　其中，我想特別解說的是 ETF 存股，因爲它的設定是最簡單的，而且還有圈存式交易這項優點，也就是，**你的帳戶裡有錢才能買股票。**

　　台股目前的交易模式是，就算你的帳戶沒有錢，依然可以買進股票。款項的交割時間爲「買進成交後的兩個營業日」，也就是「T＋2」。而圈存式交易則是，帳戶裡要有足夠的錢，系統才會幫你買進，這樣就能保證你不會因爲忘了放錢，而導致「違約交割」。目前各大銀行的定期定額扣款買基金，皆屬於「圈存式交易」。（註：目前台股的賣出是在「T＋2」日才能拿到錢。而在 2022 年 5 月9 日過後，可透過「不限用途的借款」方式，讓庫存的交割日變成「T＋0」，也就是賣掉股票的當天下午，你就能拿到錢，只是要多扣兩天的利息錢。）

$ 機械式投資 Step 2：
選擇標的

由於小阿姨的策略是不打算自己更換投資組合與投資標的，那麼最好的方式，就是選擇會「被動式汰弱換強」更換成分股的 ETF，以目前的台股來說，0050 會比較適合她的規畫。

$ 機械式投資 Step 3：
衡量目前有多少資金，決定每月扣款金額

小阿姨預計要投入的金額是 10 萬元整，但是當初買房子的時候，裝潢的錢不太夠，先跟小彥彥「借」了 6 萬來用，這部分預計會用自己的年終獎金來歸還小彥彥。

小阿姨在投入之初，也會擔心遇到買了就暴跌的狀況。為了消除這樣的不安，我建議她多次分批投入。最後小阿姨決定每個月扣款 5,000 元，她覺得這樣比較沒有壓力。A 大認為這點很重要——**存錢與投資，都應該是沒有壓力的。**

第一部
珍惜現時，享受人生，計畫將來

第二部
分配收入，整理財務

第三部
累積財富，創造理財收入

機械式投資 Step 4：
選擇扣款日期

ETF 存股方案，僅有三個扣款日可供選擇，這算是比較美中不足之處，在 6、16、26 這三個扣款日當中，小阿姨選擇了 26 日。事實上，機械式投資選哪天都沒差，重點在於以固定的週期頻率把錢投入股市。

機械式投資 Step 5：
更改設定的時間點

可供小阿姨參考的規畫是，如果之後沒辦法每個月投資 5,000 元，那就把扣款金額改成一個月 3,000 元，萬一連每個月 3,000 元都擠不出來，那就是等到有 3,000 元可投資之後，再重新開啟自動扣款的設定。

一切都設定好之後，就遠離塵囂吧！

機械式投資對於生活的影響是最小的。尤其是執行了五不原則「**不擇時、不出價、不看盤、不停損、不停利**」

之後，基本上，生活不會有太大的變動，唯一的差別在於本來要存的錢，被拿去買股票，到市場裡面承受風險，換取更高的投資報酬率。接下來就是整理自己的臉書，不要追蹤網紅、KOL，把一切會干擾投資心情的因素給隔絕。

雖然 A 大這樣說好像有點自掘墳墓，因為追蹤我的粉絲也會變少。但是，若不想讓短期波動的市場訊息影響到你的投資，最好的方式就是「遠離塵囂」。既然是要做長期投資，又何必在意短期的劇烈波動？

小阿姨問我，這樣投資能賺多少？能夠賺錢的地方有二：一年配發兩次的現金股利，以及遠期的資本利得價差。0050 每年的一月與七月都會配發現金股利，而一月份的會比較多。但是，要先建立一個觀念：我們買 0050，主要是為了追求未來股價成長後的價差。至於全年度所配發的現金股利，可以當成是高於銀行定存的利息收入來看待，有點像是「甜點」的味道。

長期持有到底在賺什麼？
解答：遠期價差與實際（持有）殖利率

長期持有，最主要是在賺遠期的股價價差投報率，以

及微薄的現金股利「實際」殖利率。估算殖利率有兩套方式：參考殖利率和實質殖利率。

$ 參考殖利率

參考殖利率的算法，以 0050 在 2022 年的除息金額作為參考基準，其現金股利參考殖利率為：3.2（現金股利）÷ 145.9（股價）× 100% ＝ 0.02193 × 100% ＝ 2.193%。股價是以「配息」前一日收盤價做為參考。

$ 實質殖利率

實質殖利率，則以你的持股平均成本來計算。總支出除以總股數，就是我們的平均持有成本。以五次定期定額買進 0050 的實際成交金額來計算，平均持有成本是：23,438（元）÷ 168（股數）＝ 139.512（小數點取三位，後面四捨五入）。實質殖利率則為：3.2 ÷ 139.512 × 100% ＝ 0.02294 × 100% ＝ 2.294%。

圖表 3-9　分五次買進 0050 的持股成本加總

交易日期	股數	成交價	價金	手續費	實收金額
2021.08.26	34	137	4,658	6	4,664
2021.09.27	34	140	4,760	6	4,766
2021.10.26	34	137.55	4,676	6	4,682
2021.11.26	33	138.15	4,558	6	4,564
2021.12.27	33	144.15	4,756	6	4,762
小計：	168				23,438

　　由於我們的持有成本「低於除息參考價」，因此實質殖利率就會「高於參考殖利率」。假若未來 0050 的股價漲到 200，而參考殖利率是 2%，那對我們來說，實質殖利率可就不只 2% 了。

　　展望未來，若股價持續上漲，且現金股利的配發越多，對於越早期布局投入 0050 的人會越來越有利。比方若現金股利為 4 元，殖利率則為：4 ÷ 139.512 × 100% ＝ 0.02867 × 100% ＝ 2.867%。

第一部
珍惜現時，享受人生，計畫將來

第二部
分配收入，整理財務

第三部
累積財富，創造理財收入

如何讓手上這筆錢發揮最大的效益？

回到小阿姨當初的疑問：如何讓錢發揮最大效益？

當我們把資金切割成許多小份的時候，就會有錢停留在股票交割戶裡面等待扣款，但是當然不能讓這些資金在帳戶裡閒閒沒事做。A 大建議透過網路銀行做定存的設定，減少自己耗費在轉帳、把錢搬來搬去的時間。小阿姨每個月扣款 5,000 元，也就是兩個月消耗 1 萬元，那就可以規畫一筆現金流，讓定存在自動扣款日之前到期，趕上系統圈存的時間。這麼做，還可以多賺一些定存利息錢。

⑤ 動動手指，幫自己多賺利息錢

當初買房時，小阿姨跟小彥彥借了 6 萬，現階段尚有 4 萬可用於投資規畫。假設今天是 2021 年 8 月 24 日，預定於 2021 年 8 月 26 日扣款第一次的投資金額。接下來會有 35,000 元的資金留在股票交割戶，就可以運用網銀定存來多賺一點利息錢。A 大覺得，這種動動手指就能讓錢變多的事，如果擠得出時間操作，盡量不要放過。

小阿姨的資金流向是這樣的：目前帳戶有 40,000

元，預定 2021 年 8 月 26 日扣款 5,000 元做投資，餘額為 35,000 元。A 大建議她提前布局，將 35,000 元分成 10,000、15,000、10,000 三筆資金，透過網銀設定到期日不同的三筆定存。第一筆設定為 2021 年 9 月 24 日到期，用來扣 9 月 26 日、10 月 26 日的兩次 5,000 元定期投資。

圖表 3-10　小阿姨的三筆定存設定

定存金額	定存到期日	定期投資扣款日期	定存經歷月份
第一筆定存 10,000 元	9/24	9/26、10/26	9 月
第二筆定存 15,000 元	11/24	11/26、12/26、隔年 1/26	9 月到 11 月
第三筆定存 10,000 元	隔年 2/24	隔年 2/26、3/26	9 月到隔年 2 月

需要留意的是，不同的定存時間，銀行會給予不同的牌告年利率，圖表 3-11 是新光銀行在 2022 年 4 月公告的定期性存款利率。各位若有看到銀行的優惠存款活動，上面的利率都是年利率，請務必查看實際的優惠期間。接下來，我們要學習如何計算台幣的「短期」定期存款利息。

圖表 3-11　定期性存款利率表

類別	固定利率	機動利率
一個月期	0.600	0.600
二個月期	0.600	0.600
三個月期	0.630	0.660
六個月期	0.780	0.810
九個月期	0.900	0.930
一年期	1.015	1.015
十三個月期	1.015	1.015
二年期	1.050	1.050
三年期	1.065	1.065

$ 固定利率與機動利率的差異

透過網銀做定存，計息方式會有兩個選項：**固定利率與機動利率**。固定利率是指，不管未來央行升息或降息，你的定存利率皆不受升降息的影響，會造成的結果是收益固定。而機動利率則代表，如果 Fed 升息且台灣跟進，我們的定存利息收益就會隨之增加。升息基準日以銀行公告時間為準。以小阿姨而言，其實選固定利率就可以，因為

是短天期的儲蓄，兩者的差異不大，而固定利率會比較好計算預估收益。

不知道怎麼處理的錢，先放定存或高利活存

　　如果各位在未來遇到了不知道怎麼處理的錢，比如收到很大一筆年終獎金，或是繼承了一筆錢，建議直接先找高利活存的帳戶存放，或是做兩個月或兩個月以上的定存。尋找「理財解決方案」的過程，可能要花一個月以上的時間，這中間的金錢效率可別浪費了。萬一需要做付費理財諮詢，定存所生出來的利息，也能為你節省支出。

⑤ 高利活存的利息計算方式

　　假設我們突然獲得了 50 萬元，但是又沒空處理，就可以先把錢轉帳至高利活存數位帳戶。以永豐大戶為例，這 50 萬元，經過一個月會產生 452 到 467 元左右的利息（受到實際存期的影響，利息會有幾塊錢的落差）。

　　利息的計算方式為**本金 × 牌告利率 ÷ 365 × 實際存款天數**。存 30 日，利息為 500,000 × 1.1% ÷ 365 × 30

＝ 452.05；存 31 日，利息為 500,000 × 1.1% ÷ 365 × 31 ＝ 467.12。

$ 定存的利息計算方式

圖表 3-12　小阿姨的三筆定存利息計算

定存金額	定存時間	牌告固定利率	利息計算（四捨五入）
第一筆定存 10,000 元	一個月 8/24 到 9/24	0.35%	10,000 × 0.35% ÷ 365 × 31 = 2.97（8/24 到 9/24）
第二筆定存 15,000 元	三個月 8/24 到 11/24	0.38%	15,000 × 0.38% ÷ 365 × 31 = 4.84（8/24 到 9/24） 15,000 × 0.38% ÷ 365 × 30 = 4.68（9/24 到 10/24） 15,000 × 0.38% ÷ 365 × 31 = 4.84（10/24 到 11/24）
第三筆定存 10,000 元	六個月 8/24 到隔年 2/24	0.53%	10,000 × 0.53% ÷ 365 × 31 = 4.50（8/24 到 9/24） 10,000 × 0.53% ：365 × 30 = 4.35（9/24 到 10/24） 10,000 × 0.53% ：365 × 31 = 4.50（10/24 到 11/24） 10,000 × 0.53% ÷ 365 × 30 = 4.35（11/24 到 12/24） 10,000 × 0.53% ÷ 365 × 31 = 4.50（12/24 到 1/24） 10,000 × 0.53% ÷ 365 × 31 = 4.50（1/24 到 2/24）

我們以小阿姨設定的三筆定存為例，**定存若提前解約，利率會依照實際存期的牌告利率，再打八折計算。**比方小阿姨提前在五個多月時（假設為 155 天），就把第三筆 1 萬元的定存解約，這筆定存的利息計算方式，就會依照定存三個月的牌告利率 0.38% 再打八折。這個細節很多人會搞錯，所以要花點時間說明。

請記得，利息的計算，原則上是以日計息，按月給息。10,000 × 0.38% ÷ 365 × 155 × 0.8，也就是年利率 ÷ 365 ＝日利率，乘以實際存款天數，再打八折。得出的答案是 12.90，定存提前解約後，小阿姨實際領到手的利息是 13 元。如果銀行發出的定存利息已經超過這個金額，會從定存本金裡面扣回。

存款經歷了 155 天之後，會領到 5 ＋ 4 ＋ 5 ＋ 4 ＋ 5 ＝ 23 元的利息。但小阿姨提前解約，理應只能領到 13 元的利息，因此在解約當下，銀行多給的利息，就會從定存本金倒扣回去，實際拿到手的本金就會從 10,000 變成 9,990 元，那是因為利息已經提前逐月發給小阿姨，所以必須從本金倒扣。

我建議選擇固定利率，另一層意思即是「無損本金之『保證』報酬收益」，也就是定存到期後，一定可以拿到的報酬。而機動利率可就不保證一定能拿到保證報酬。這

樣規畫的用意在於，我們可以利用時間與定存收入，來減少手續費的支出。如果規畫得宜，手續費的支出可以不需動用到本金。

　　以上就是善用理財規畫後，用單筆資金分批投入定期定額的「機械式投資」，且不必額外支付手續費的作法。

如果你不是從零存款開始：
一大筆資金的自動投資規畫

　　致「只懂得存錢，不曾投資股票」的理財小白：生命中的時間，本應該浪費在美好的事物上，把時間分配給值得去做的事。**歡迎加入自動投資的行列，讓自己自動變有錢，自動有錢可以花。**

　　A 大在此先「恭喜」各位股市新手，由於金融科技的進步，讓投資股票變得「超級無敵簡單」，簡單到你不需要學習太多專有名詞與投資技巧，僅需花點時間設定自動投資的選項。舉例來說，你的自動投資設定，可以如下：

　　投資標的：0050（元大台灣 50）

　　扣款金額：每月定期定額 3,000 元

　　扣款日期：每月 8 日

　　扣款停止時間：建議五到十年以上，或是你不想扣款為止。

第一部
珍惜現時，享受人生，計畫將來

第二部
分配收入，整理財務

第三部
累積財富，創造理財收入

　　當投資變成了「自動化」，就能降低在股市中賺錢的難度，你只需耐心等待幾年，就能享有豐碩的成果。正如墨基爾先生在《漫步華爾街的 10 條投資金律》中，引用約翰・柏格說的：「你可以在投資界享有『天上掉下來的午餐』。」簡單來說，就是「等著領錢」。

　　在此要先解析一個概念：在股市裡能不能賺到錢，至少分兩派立論，有人說在股市裡要賺錢是很困難的事，而 A 大覺得，如果你要在股市「賺大錢」，大概需要有巴菲特與查理・蒙格般的智慧，或像 PTT 股板神人「test520」大大那樣的實力。但如果你只希望追求一個賺小錢的合理市場報酬，例如：一年 6 到 8% 的資本利得累積年化報酬，或是 4 到 6% 的現金股利報酬，這其實並不難。

　　投資新手會擔心虧損，多半是因為手上的錢「存來不易」。通常是辛苦工作的血汗錢、拚命省吃儉用所存下來的，或是爆肝燒腦、熬夜加班，用健康換來的賣命錢。因得來不易而更加珍惜，也因為珍惜，反而又更害怕虧錢，因此在投資的選擇上會更保守。

　　珍惜金錢是好事，但**過度珍惜金錢，可就不見得是好事了**。

　　大多數人的金錢觀與投資觀，都跟原生家庭有關，而且影響深遠。很多人在還沒買股票之前，因為成長過程

中，經常聽到負面消息的片面之詞：隔壁的張叔叔在股市慘賠、廟邊的李伯伯股票被套牢好幾年、股市是個吃人不吐骨頭的地方……導致現在的你對投資這件事有點抗拒。

逐步接納股票與 ETF，讓投資成爲生活中的「自動印鈔機」

有了一大筆錢，想要規畫投資，首先要跨越的難關，不是要買什麼股票、該怎麼買？而是你有沒有整筆投入的勇氣。

那種心境，大概就像你把自己當成賭神高進，提著一卡皮箱的籌碼，在拉斯維加斯的賭場閒逛，四處觀望著要賭什麼（要買什麼股票），多數人會潛意識地「往人多的地方去看看」，好奇圍觀的群眾在關注什麼？

當我們對於一場賭局懷抱著不確定，往往是先來小試身手，下注少少的籌碼，鮮少有人可以踏進賭場第一局就梭哈。同理，若手上有一筆錢，要你一口氣全部買進股票，或許需要跨越一些心理障礙，其中一個原因是，你還沒準備好要跟「股票」共度餘生。

想要讓自己自動變有錢，自動有錢可以花，方法之

一就是持續不斷買進股票，並長期持有，直到忘了呼吸為止。如果你不曾買過股票，可以先從「少量持有」開始，再根據目前的財務狀況，決定要讓股票占據你總資產的多少，比如存款：股票＝ 50：50。**有多少錢做多少事，是很重要的投資觀念。**

$ 手上這筆錢是怎麼來的？

來找 Ａ 大做理財諮詢的人，常有這樣的開場白：「有一筆錢放在活存或定存，該怎麼有效運用？」「儲蓄險到期，不想再買了，或是不想再放了。」「忽然有一筆豐厚的年終獎金、分紅……」「拿到長輩的單次贈與、固定週期贈與，或是家族繼承……」

在實務上，這幾種狀況的處理流程不太一樣。你要先釐清，這筆錢是自己存的，還是天外飛來一筆？如果是自己存的，那表示你的債務應該已經處理到可以輕鬆負擔的程度，但如果不是，在做投資規畫之前，務必先檢視自己有沒有債務需要處理，接著再來談投資。

以 2022 年來說，最轟動的莫過於長榮海運發了四十個月的年終獎金。像這樣突然多了一筆錢在帳戶裡，我通常會建議先轉到定存或高利活存，再去研究該怎麼做理財

或投資規畫，蒐集多一點的答案與方案。尋求答案的過程可能會超過一個月，讓一大筆存款躺在傳統活存，可不是什麼好事，除了利息超級少，若超過一定金額，還會被銀行列為初級 VIP，開始有理專或行員致電「問候」。說穿了，就是希望你購買他們想要賣給你的金融商品，但是花錢繳學費買教訓的機率很高。最簡單的思考邏輯是，如果這商品真的好，行員為何不自己買？銀行自己投資自家商品就好，為什麼要跟民眾分享獲利？答案顯而易見，銀行就是想要從你身上賺錢，至於要扒幾層皮，細節大概只有理專才知道。

Ⓢ 著手規畫一大筆資金之前，請檢視這六件事

A 大想先以下面六段理財金句，來引導各位徹底檢視自己的財務狀況，完成「有一大筆資金該怎麼規畫」的前置流程。

一、理財先理債，理債先理心。

二、生涯規畫應當優先於理財規畫。

三、債務總支出，最好別超過月收入的三分之一，而不是單指房貸不超過月收入的三分之一。

四、年利率大於 8% 的債務，要優先處理；介於 4%

到 8% 的貸款，視情況處理，避免多繳違約金；

低於 4% 的貸款，以貸款年期來看是否需要處理。

五、盡可能先有錢再消費，別隨便舉債。

六、擁抱負資產之前，先想想荷包是否能負擔（例如
汽車）。

$ 你希望這筆資金能為你帶來什麼效果？

每個人在投資之前，都會有各自的想法，但有些人是
隱約有個念頭，卻無法完整描述自己想要的是什麼。在這
種時候，你會需要一些選項來輔助。

理財小白與初學者常有的想法是：希望拿出這筆錢來
投資之後，就可以放著不用管，還能自動增值；除了這些
存款，還要搭配薪資可用餘額來投資；除了定期定額投入，
還有一年加碼一次的年終獎金；若遇上大跌，會想再額外
加碼……雖有想法，卻不知該如何實作，這就是投資剛起
步時最大的困擾，而且深怕弄錯一步，就陷入萬劫不復。
例如亂掛漲停價買零股，結果買到 9999.5 元／一股。

A 大告訴你，其實步驟很簡單，只有這三十二個字：
**定期存錢、自動投資、善用股利、莫忘風險，閒錢加碼、
長期持有、不用看盤、等著領錢。**若要再精簡描述，那只

需十六個字：**定期存錢，自動買進，不用看盤，等著領錢！**

投資眞的可以簡單到你不用去盯著大盤看，依然能賺到錢。當你把所有投資選項都設定好，再來就只要每個月固定把錢存到「股票交割戶」，等著自動買進約定日的到來，讓系統先「圈存」投資款，再進行自動買進交易。你也不需要自己看盤出價買股票，不用時時盯盤看漲跌、關注市場訊息，僅需認眞過生活，讓自己持續有收入可以存下來投資。最後，就是等著領錢。

訂目標、排計畫、選工具

有筆錢想做投資規畫，卻不知道該怎麼開始？這個問題，可以用理財規畫的簡單三步驟來解決：**訂目標、排計畫、選工具**。

其實只要想想，你做這筆投資、這個動作，是爲了完成什麼事？把你的想法列出來，就完成了「訂目標」的動作。再來是「排計畫」，你預計要花多久的時間完成？如果是短期的儲蓄計畫，我相信你一定可以自己搞定，比如結婚、買房、買車，這些計畫都有固定的時間點，比較好安排。但如果是做退休規畫，時間就比較長，而且難度不

低，那就要多設幾個檢視的時間點，避免自己的退休規畫方向走偏了。

最後就是「選工具」，不同的理財規畫目標，可以透過不同的理財工具來完成。比如退休規畫，你的理財工具就包含了「券商」「標的」，搭配不同的理財工具，再分別採用不同的投資策略。

在文章的開頭，Ａ大已經先恭喜各位說，自動投資把「投資」變簡單了。自動投資可以幫你完成你想完成的任何事。接下來，我們來談實務上怎麼操作。

自動投資的基礎建構

假若我們對於理財規畫的期待是只要設定一次，就再也不用去更改，那券商的選擇就很重要，畢竟這關係到會不會增添你投資上的麻煩。

如果要**追求極致的懶惰**，也就是「丟著之後，就不想去管它」，Ａ大推薦永豐銀行的「豐存台股」方案。它的好處是，你只需要完成一次初始化設定，接下來就沒你的事了。這個投資方法的靈感來源，出自《讓錢為你工作的自動理財法：簡單三步驟，啟發全球 150 萬人的自動千萬

富翁系統》一書。

　　要使用自動投資，券商提供的工具必須符合幾個條件：首先，必須提供無限次的扣款次數；第二，最好有圈存式交易的機制；第三，約定扣款金額的門檻不高。

　　當我們想要追求極致的便利，最好的工具就是不用手動操作，如果可以讓程式來輔助，把投資變成自動，就能降低在股市中賺錢的難度。這種方式當然會有缺點，就是賺錢的速度比較慢。但是如果投資時間拉長到五年以上，那倒未必會比較慢。

　　請留意，有些券商雖然提供定期定額扣款的自動買進，但是為期只有一年。而圈存式交易是指，你的帳戶裡面有錢，系統才會幫你買股票，如果沒錢就不會產生自動交易，這種交易方式可避免違約交割的狀況發生，畢竟這會影響到你的信用，所以應當謹慎。

　　以豐存台股方案來討論，它的定期定額門檻比較低，只要有 100 元以上就能參與定期定額的投資。當這三個條件被滿足，我們就能夠更輕鬆地投資。

永續自動投資的規畫：

預估現金股利，設定自動再投入

所謂的**永續自動投資**，就是不斷用現金股利再自動投入買股票。如果人的壽命沒有極限的話，這筆錢滾出來的複利肯定會嚇死人。

那麼，我們該如何執行「永續的自動投資」？方法很簡單，預先規畫好現金股利的再投入就可以了。能夠從股票中賺錢的地方，包括賺取價差，以及領取現金股利或股票股利。賺取價差，等於是實現獲利，要賣掉才有錢拿。現金股利，則是會自動流進你的口袋，本來這筆錢理應是要作為「所得替代」而使用，但是在金額還不足以讓你安逸退休之前，最好的方式就是讓股利自動再投入。

為了讓股利可以自動再投入，需要概略粗估自己可以拿到多少現金股利。以 0050 為例，我們就不要估太高，假設一年有 2.4% 的殖利率就好。如果預計要拿 100 萬出來做規畫，每年的現金股利會有 24,000 元。計算方式為：投資本金 × 預估殖利率＝預估現金股利（1,000,000 × 2.4% ＝ 24,000）。預估現金股利除以十二個月，就是自動投資每個月可再投入的金額：24,000 ÷ 12 ＝ 2,000 元。

算出每個月可以自動再投入的金額，我們就能進行第一階段的設定。以永豐銀行的大戶投 APP 為例，選擇首頁的「豐存台股」，進入設定畫面後，按下「我的委託」左邊的「＜」，畫面會出現「我要存股」，再點一下「人氣 TOP10」，然後往下拉，找到 0050，點選「買入」。若遇到 OTP 認證，請依照畫面完成驗證。

接著你會看到申購方式，定額與定股，我們要選「定額」，再來是輸入申購金額「2,000 元」，並選擇每月申購日，推薦日期是你的發薪日過後幾天，假如你是每月 5 日領薪水，可選擇 6 日、9 日，或是任何一個你喜歡的日期選項。選擇完畢後，請點選「直接購買」，進到下單匣之後，在投資標的右側下方有一個方框，請將它勾選，再按下「確認申購」，這樣就完成自動投資的設定了。

$ 自動投資的好處

生活中的瑣事並不會自動完成，沒有洗的衣服，你得把它丟進洗衣機，洗完還要拿出來晾乾。沒有洗的鍋碗瓢盆和奶瓶，也不會被施了魔法就自動變乾淨，你至少要手動把餐具放進洗碗機。然而，「投資」卻可以自動完成。

當你的生活已經忙到沒有時間可以研究股票，自動投

資就是你投資理財的好幫手。它最大的優勢在於，你不用特別花時間去照顧。管理大師彼得‧杜拉克曾說：「最好的管理，就是不用管理。」把這句話套用在投資上，就變成：**「最好的投資，就是不用特別管理的投資。」**

投資，其實是一件非常有趣的事，很多人都是在開始買股票之後，才看見了另一個焦慮的自己。蘇絢慧老師曾說：「你會這麼焦慮，是因為你太想成功。」人因為太想賺錢而產生焦慮感，是再正常不過的事。如果你想賺錢，反而需要學習與這種焦慮感和平共處，隨遇而安。

傳說中，買股票的最高境界是「手中有股票，心中無股市」，這真的太難了，只要你有接觸到買進交易、持續獲取投資訊息，就會知道股價，進而產生比較心態：我好像有賺錢，是不是應該賣掉，等股價下跌再買回來？但是，當你要這樣做之前，請先想想，真的要讓「投資情緒」干擾你的生活嗎？

⑤ 做自動投資，只需要擔心這件事

做自動投資，最需要注意的是，**你的帳號密碼會不會忘記**。

如果你怕自己會忘記，可以把帳密「加密」過後，抄

第一部
珍惜現時，享受人生，計畫將來

第二部
分配收入，整理財務

第三部
累積財富，創造理財收入

寫在這本書的書底、本書隨附的夢想筆記本中，或是任何自己會記得的地方。

畢竟，當你開始執行自動化投資之後，最快也要幾個月，甚至是幾年之後，才會再度開啟券商的 APP，去修改每月的扣款設定。例如：每個月扣款 2,000 元，變更為每月扣款 2,200 元。假設密碼是「mori0802」，可以記錄為「大戶投密碼：m-i-2」；或是「大戶投：m-2」，就是取密碼單字的頭跟尾，有提示作用就好。附帶一提，如果你的密碼裡面住著對某人的思念，也請收藏好，避免衍生問題導致家庭破碎，畢竟破鏡難重圓。

至於要不要擔心股價的漲跌，如果你所購買的 ETF 是追蹤大盤的，基本上就可以不必擔心了，除非你的投資組合包含個股，或是主題型 ETF，也就是買了 0050／006208 以外的標的，才需要去關心。

市值型 ETF 的績效雖然可能會落後大盤，也可能會輸給存股投資人，或是股債配指數化投資人，但是它會貼著大盤的成長而成長。買大盤的好處是，你能賺到更多的自由時間，連對帳單也不用去看。

$ 誰適合採用自動投資？

A 大認為，最需要這種投資方式的人是「媽媽」，不管你是全職家庭主婦，還是在職場與家庭間奔波的職業婦女，都可以參考這種投資方式。只要把錢轉帳到股票交割戶，剩下的就交給時間與自動買進，然後等著領現金股利，而你會有更多的時間去陪小孩，做自己想做的事。

如果你對於斜槓開副業有興趣，那就更需要使用自動投資來節省時間。

還有另一個相對適用的族群，就是「股市裡的地獄倒霉鬼」，這群人有個特色，很喜歡自己抓買點買進股票，嘴巴上說要長期持有，結果抱不到一個禮拜，有賺錢立馬就落跑，然後在股市震盪、投資賠錢的時候，告訴自己及時停損、避免虧損擴大才是上策。這樣的操作方式，往往會造成小賺大賠，彷彿中了股市魔咒，買了就跌，賣了就漲。

如果你的投資常常陷入上述狀況，那麼倒不如來買大盤，然後**閉著眼睛買，抱著不要賣**。「既然打不贏，就加入」，這方法聽起來有點詭異，像是要自暴自棄的放棄大殺四方、投資賺大錢的機會，但，其實你放棄的只有「主動投資」，並非完全放棄投資。而且這招還會讓你從「賠

錢投資人」變成穩健獲利投資人，如果自動投資能降低賺錢的難度，那何樂而不為？

$ 如果不敢歐印……

手上已經有一筆資金的投資人，往往會在「單筆投資」與「分批投資」間猶豫。其實，只要採用「自動循環式投資」的手法，就能消除小額投資人對於投資的不安與不確定性。

一般來說，單筆投資的效果會比較好，但，可不是每個人都有勇氣直接把一筆資金「歐印」（All in），全部一次投入。

對於投資，我們總是既期待又怕受傷害。投資的不確定性，往往折磨著人心。 如果你擔心買在高點會被套牢很久，那就分批多買幾次，使用「平均成本法」來降低自己的庫存成本。

自動投資的第二階段設定

自動投資的運作原理，就是不斷將現金股利再投入。

在那之前，你會需要建構一個基本的投資部位。當然，你也可以用手動的方式去建構。

假設有 100 萬的資金，就分幾個月把它買完，又或者說，你可以思考一下，在現金股利發放月份之前，平均將資金設定成自動投資的扣款金額。

以 0050 為例，它在每年的一月和七月發放現金股利，通常一月份較多。A 大撰寫這篇文章的時間點是 2022 年 3 月 3 日，這天發生了一件大事：全台大跳電。這時距離 2023 年元月的股利發放日，還有大約十到十一個月，為了消除投資的不安，建議可分成十次買進，每次 10 萬元，或是分更多次買進。如果你想早一點把資金投完，而且領到現金股利，那麼**僅需把握一個重點，在除息日之前全部買完即可**。然後在扣款十次之後，就把每月自動扣款更改成 2,000 元。（註：此為假設現金股利可以領到 24,000 元的狀況。）

假若你每月還有生活費的結餘，比如有 3,000 元想要一起扣款，則設定成每月扣款 5,000 元，餘額疊加的投資可以依此類推。

圖 3-13　自動投資的第二階段設定

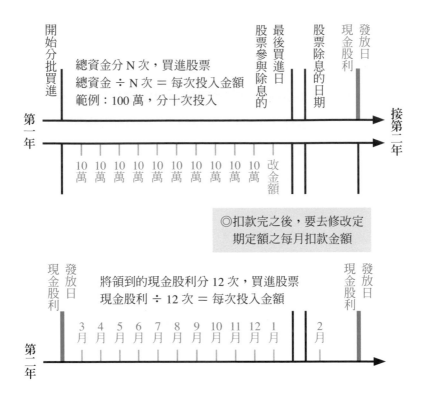

　　原則上，這筆資金的投入會建議在六到十一個月之間買完，等到領完元月份的現金股利，就能讓這筆投資一直自動再投入。

　　如果你真的不太會算數，那還有一個更簡單的方法：不管除息日，每次皆扣款相同的金額（例如每次扣 5 萬

元），直到 100 萬扣完為止。在 100 萬扣款完畢之後，就去更改扣款設定，改成每個月扣款 2,000 元。扣款金額的計算方式為：確定可領到的現金股利 ÷ 12 ＝ 每月的扣款金額。

只要設定到這裡，就能完成**「永續的自動投資」**。再下一次的設定變更時機，就是當你領到的現金股利超過 25,200 元（2,100 × 12），那就要把每月的扣款金額變更為 2,100 元。

至於要如何提醒自己何時要變更扣款金額？A 大建議使用 Gmail 的預約功能「排定傳送時間」，寫一封 E-mail 給未來的自己。Gmail 可以指定發送信件時間，比如我的資金預定分成十次扣款，那就可以在設定完成後，寫封 E-mail，把寄信時間設定成第十次扣款之後的隔天，提醒自己要變更扣款金額，避免被多扣一次 10 萬。

這個設定的位置是在「傳送」按鈕旁，有一個倒立的三角形，點下去就能看見「排定傳送時間」的選項。你也可以運用這個功能來提醒自己，下一個年度要修改每月的扣款金額。如果想省事，不妨設定每年的 3 月 9 日過後來檢視一次，因為這時候現金股利大部分都已經入帳。有了確切的金額，會比較容易進行下個年度的規畫。

$ 尚未投入的錢該怎麼處理？

當我們開始分批投入的時候，其實還有一個困擾需要解決：還沒買股票的錢，該怎麼處理？以 100 萬來說，我們投入了 10 萬，還剩 90 萬該怎麼辦？就這樣放在活存生利息嗎？

當然不是讓錢待在戶頭閒閒沒事做，假若我們的股票交割戶是永豐大戶的高利活存帳戶，在 1.1% 的高利活存方案於 2022 年 6 月 30 日結束之前，也只有 50 萬的額度能享有 1.1% 的活存利率，每個月大約是 458 元（500,000 ×1.1% ÷ 12 ＝ 458.333）。那剩下的 40 萬該怎麼規畫才好？

A 大建議，**善用最基本的理財工具：定存**。還沒投入的資金，就利用網路銀行把錢轉入定存，讓利息多生一點出來，一樣是什麼事都沒做，但定存的利息就是會比活存更多。

你可以讓定存每個月都到期一筆，只要趕得上約定扣款的時間即可。規畫的邏輯，就是讓定存到期後可以接續投資的約定扣款。中間這一段多的利息，就是多賺的。只是多幾個簡單的動作，就能讓利息增加，何樂而不為？

自動投資的應用情境

　　Ａ大觀察到，有許多讀者不只要幫自己規畫理財，還要幫家人規畫。如果你家中的長輩或小孩有資金需要規畫，其實也可以使用自動投資，因為你不可能時時刻刻都幫著他們盯盤，**你的時間有限**，如果分配不均，沒有足夠的時間休息，最終，你只會累垮自己。

　　我個人的感覺是，主動投資在抓買進點與賣出點的時候，其實很燒腦，常常會陷入兩難：要不要買？該出價多少買進、買進多少股數？要不要賣？要賣在哪個價格才會覺得有賺到錢？

　　在此要特別提醒的是，一歲、十歲、二十歲、四十歲、六十歲的投資策略會不一樣，可以投入的金額也不同。我們再整理一下，基本的投資策略有四種：

一、把「現有的資金」整筆投入，例如：小朋友的壓
　　歲錢。

二、分多次將資金平均投入，例如分六到十二次。

三、先投入整筆資金的一半，或者百分之多少，然後
　　再將剩餘資金平均投入。

四、把整筆資金拆成兩部分，一部分大額的分批多次
　　投入，另一部分小額的持續投入。

　　至於要選擇哪一種，**就看怎麼做對你最有安全感**，不
會讓你在投資之後睡不著覺。如果覺得混亂，那就縮減成
兩個策略：

一、一年一次手動投入。
二、直接設定自動定期定額，讓帳戶扣到沒錢為止。
　　（建議使用有提供圈存投資服務的券商，當帳戶
　　扣到沒錢的時候，就會停止買進。）

完成自動投資的設定後，你還需要做些什麼？

　　下一步怎麼走，要以你**最初的投資想法**為主，檢視
是否需要根據目前的生活做點修正或微調。從你的想法延
伸，再來尋找下一個階段可以前進的方向。
　　如果你最初是打算把目前的一大筆資金規畫到位，接
著就不管它了，這招其實叫做**自動循環式投資**，是機械式

投資的延伸。那麼你需要做的，是去了解自己現階段為什麼沒有多餘的資金，可以長期進行定期定額的投資。如果你的收支情況接近捉襟見肘，Ａ大會建議你回頭去做財務檢視。

薪資收入不夠用，有一大原因是你的人生階段改變了，支出項目變多，但你仍維持之前的用錢模式。生活支出會出現改變的時間點包括：從單身進入熱戀、結婚、生小孩、貸款買房、小孩教育支出的增加。

要掌握的重點是，我們的薪資資源是有限的。如果有很長一段時間你都覺得沒有存到錢，或者是存款累積的速度變慢了，那就要回到本書的第二部，**從你的理財防禦工事開始抓問題點**，也就是「分配收入、整理財務」。在尚未進入退休階段之前，原則上要讓薪資有結餘。當你的收入能夠輕鬆應付目前的生活開銷，日後要談財務自由會比較容易。

接下來，請你想想目前的收入是否讓自己滿意。如果不滿意，你有沒有想過要改變什麼？改變，就是去做自己不曾做過的事，往往會伴隨著痛苦；但是你的改變，是為了讓自己過上更好的生活。

當我們的收入有結餘，才會有餘力考慮投資自己，增加工作知識與專業技能，甚至可以考慮在夜間或假日進

修，提高學歷，取得更好的薪資。想要單靠投資致富並非不可行，而是需要耗費的時間與精力遠超過你的想像，要花大把的時間分析財報、市場資訊，才能在茫茫股海中找到一檔被低估或是會賺錢的股票。

能夠靠著不斷投資獲利來利滾利，最後滾出一筆鉅額財富的，大概好幾十萬人之中才有一個。每個人都想成為那萬中選一，但真正能夠成功的，實際上很少。既然沒有那種命，倒不如認真工作，讓自己年收破 200 萬，而一年只花不到 100 萬。當你手邊累積的資產突破 1,000 萬之後，其實就能進入半退休的狀態。到了這個階段，如果有好好規畫你手上的財富，就可以不用太認真工作，除了平常的定期定額投資，領到年終獎金或是其他獎金，扣除過年包紅包與旅遊支出所需，以及個人欲望需求（例如買 PS5）之後，剩下的幾乎就是可以全數投入股市的錢。

如果你恰好看到新聞資訊，說股市崩盤或大跌了，這時候請別慌張，反而要想想，「香噴噴」的便宜股票又自動送上門來了，若手邊還有錢，不妨順手加碼一些。但請不要老是想著「歐印」抄底，抄底的獲利有一部分是在賺爽度，事後證明自己的看法是對的，那真的非常爽。就連巴菲特也曾公開表示，他其實也做過不少糟糕的投資，但是可以靠著某些股票的大賺，把虧損給扳回來。

如果你是投資市場型或市值型的 ETF，那就謹記，即便你覺得已經很低了，還是有可能出現更低的價位。這世界上沒有所謂的不可能，投資市場什麼稀奇古怪的事都有可能發生，例如：俄羅斯出兵攻打烏克蘭，俄羅斯指數在一天內跌了 50% 以上，一檔股票下跌了 99%，石油期貨出現負數的交易價格……

與其擔心不知道會不會發生的事，倒不如把時間專注在自己可以做的事情上。努力提高收入，合理的節約生活，快樂過日子，一步步縮短我們與財務自由之間的距離。

不必是投資大師，也能滾出鉅額財富

A 大想告訴各位，在這個時代，投資變得簡單了，只要有恆心與耐心，不懂專業名詞的理財小白，也能靠著買大盤創造複利奇蹟。每月小額的投資，只要你投入的時間夠久，小錢也能滾出鉅額的財富。

而這一切，你還不需要假他人之手。僅需選對標的，做好資產配置來抵禦未知的風險，靠時間來加大護城河的寬度，耐心等待投資部位成長，必然能獲得豐厚的回報。

如果你對於投資標的沒有定見，不妨參考台股的 0050、006208，美股的 VT（Vanguard 全世界股票 ETF）、VTI（Vanguard 整體股市 ETF）、BNDW（Vanguard 全世界債券 ETF）、VOO（Vanguard 標普 500 指數 ETF）、SPY（SPDR 標普 500 指數 ETF）。至於資產配置，如果你打算將美股當成主要投資部位，可以配置 50 到 100 萬台幣在台股，防範臨時需要使用台幣，扣除緊急備用金與台股部位後，其餘資金就全數投入美股。若美股部位已經超過 1 萬美元，不妨考慮做股債配置，初階建議是 VT 搭配 BNDW。至於股、債比例，可以參考市川雄一郎先生在《為什麼他投資一直賺大錢？：全球金融學校的散戶獲利方程式》書中提到的配置法，以「120 減去目前的年齡」作為股票的資產部位比例。

為自己找到適合的教練，「陪伴」你理財與買房

Ａ大說過：「人，無法長期擁有管理不來的財富。」
在我們累積財富的過程中，常會冒出「為什麼需要學理財」的疑問。實際上的狀況是，當這筆財富超過你的管理能力，你很有可能會亂花、亂投資，或是沒有好好運用。

簡單舉個例，Ａ大我手邊多了一筆錢，不知道該怎麼處理，而我的性格偏保守，不想把錢放到有風險的地方，只要可以穩穩賺錢就好⋯⋯

其實我們的投資性格，有很大一部分是「自己覺得」，並不是以客觀的方式來評估。所以，在你迷惘的時候，若能找到一個適合的教練，這個人就會變身為解惑者，幫你跳脫思緒的漩渦。

理財，最常遇到的狀況是徬徨無助，不知道該怎麼走下一步，還有不知從何而來的孤單感。這其實很正常，畢

竟大多數人在投資理財這條路上，都是在飽受煎熬中孤軍奮戰著，深怕做錯了決定，引發萬劫不復的財務災難。

找一個願意陪你一起成長的教練

在我們還來不及學習知識來管理財富的階段，最快的方式，就是去找一位教練或是理財規畫師，協助我們做點簡易的規畫，解決現階段的困擾，邁向下一個理財目標。當然，諮詢時段可能需要支付費用，或是付費購買課程來學習，並在過程中釐清自己想要成長的方向。

可能會有人質疑：問問題也要收費？常言道，時間就是金錢，今天你占用了人家的時間來幫你回答問題，付點費用是不是合情合理？如果你很在意付費諮詢的金錢剝奪感，也可以考慮用未來的利息錢來支付這筆費用。

學習理財的過程中，第一重要的是學會分配工作收入，第二重要的是學會運用理財收入。理財收入，是指透過自己的理財行為所產生的收入，而最簡單的方法就是活存利息，但是目前的傳統活存利率低到讓人不想把錢放在銀行裡被通膨蠶食。那你是不是需要思考如何**把錢放到對的位置**？

當你有了這樣的困惑，就會開始尋找更好的理財方式，而這其實就是一種成長。把錢「依序」放到對的位置，除了可以增加財富，最重要的是讓自己安心，擁有財富上的安全感。

善用理財收入，書本也可以成爲你的教練

很多人都會期望有一個方法可以輕鬆理財，又能「快速」增加財富。說眞的，若要快速增加財富，還是要靠投資股票或房地產，但那需要先累積一點本錢。在資金不充沛的情況下，年輕反而才是本錢，因爲你有比較長的時間可以承受市場的正常波動。

最輕鬆又能模仿的理財方式，就是把錢挪到優於定存利率的高利活存，來賺取自己本來就該賺到的錢。簡單舉個例，永豐銀行的大戶數位帳戶在 2022 年有個優惠方案，只要你的存款餘額超過 10 萬，就能享有 1.10% 的活存利率，而且是每個月給利息。這樣的帳戶很適合存放緊急備用金，當你拿到利息錢之後，就可以規畫要如何運用這筆理財收入。

Ａ大推薦用利息錢來購買書或是課程。目前一本書的

價格大約落在 360 到 450 元，如果你平均三個月才看完一本書，而買書的費用是 450 元，那根據我們的「理財需求」，反向推算的方式就是：450 ÷ 3 ＝ 150，150 × 12 ÷ 0.011 ＝ 163,636。理財目標所需金額 ÷ 時間週期＝每個月的所需金額；每月所需金額 × 12 ＝一年的理財收入金額；一年的理財收入金額 ÷ 投資報酬率＝我們所需準備的本金。

也就是說，當你的高利活存帳戶有 164,000 元以上，永豐銀行每個月會給你大約 150 元的利息。經歷三個月看完一本書之後，你又會有錢可以去買下一本書。

利息的概算方式是：164000 × 1.1% ÷ 12 ＝ 150.3333。如果你想知道精確的數字，那就是 164,000 × 1.1% ÷ 365 × 存款實際天數＝當月利息。

把利息拿來買書學習，是理財收入的一種運用方式。如果你的存款總額夠多，還能用利息來支付理財諮詢，甚至是課程的費用。所以，別擔心財富會消失，財富反而會因為你的知識厚度提升了，而隨之緩慢增加。

對 A 大而言，**在自學理財的路上，書本就是我的教練**，我看書的範圍很廣，因為我認為，可以拿來賺錢的技術與知識，永遠不嫌多。A 大看書的速度其實不快，因為我都會去實踐書中所提到的方法。書中的知識可能只需幾

個小時就能理解，但有時我會花幾天到數週的時間，測試書中的方法能否套用在自己身上。假若不適合，就要思考我還能做些什麼改變，好讓知識能夠運用在生活中。**我也希望，這本書能夠成為陪伴你成長的教練。**

如何買房：讓 A 大帶領你踏出第一步

教練存在的意義，有時候跟 Siri 的功能差不多，可以快問快答。雖然你現在問 Siri 理財問題，他不一定可以告訴你答案，但是，說不定在不遠的將來，Siri 會進化成能夠自學的 AI，那麼找 Siri 當理財教練的日子就不遠了。

有個找 A 大做理財諮詢的網友，暱稱是小辣椒。我第一次在講座上見到她的本尊，其實很意外，原以為是個粗枝大葉的女漢子，沒想到卻是外表甜美、氣質閃閃動人，內心恰北北的大正妹，有點大姐頭的味道。透過通訊軟體跟她用文字聊天，感覺她就像一陣風，經常像風一樣的飄來，又像風一樣突然飄走。

我發現，小辣椒的理財疑問，其實跟多數社會新鮮人差不多：買房、買車、提早準備退休。小辣椒的工作很忙，A 大能夠理解她的節奏為何老是像風一樣，因此在有限的

第一部
珍惜現時，享受人生，計畫將來

第二部
分配收入，整理財務

第三部
累積財富，創造理財收入

時間裡，我會快速用精簡摘要的方式來爲她解惑。

小辣椒來參加我的理財講座之前，拋出了一個有點大的問題：「A 大，有空嗎？想跟你請教，我該怎麼買房子？」這問題有點模糊，她也沒有其他相關的說明，不過，A 大在粉絲的長期訓練之下，通常透過幾個問答，就能迅速抓到核心問題。

我反問她：「妳爲什麼想買房子呢？」

她說：「想跟媽媽一起住在宜蘭。」

小辣椒就這樣只問了一題，又消失去忙工作了。於是 A 大爲她設計了一份問卷，用自問自答的方式，來釐清買房的方向。

圖表 3-14　自住買房小問卷（一）

問自己的問題	你的答案（以小辣椒爲例）
我打算要買多少錢的房子？	1,000 萬
我預估的房貸月繳？	28,800 元
我目前的房租是多少？	15,000 元
我每個月還要多存多少錢？	13,800 元

$ 房貸速算公式

　　每貸款 1,000 萬元，分三十年攤還，月繳金額是 36,000 元（利率約 1.85%）。所以你的房貸預算中，可貸款金額 ÷ 1,000 萬 × 36,000 ＝自己估的房貸月繳金額。

　　小辣椒預估的房貸月繳 28,800 元，是這樣算出來的：買房預算粗估 1,000 萬，買新成屋約可貸款八成，800 萬，所以每個月要繳的金額，就是貸款 1,000 萬的月繳再打八折。36,000 × 0.8 ＝ 28,800，這是小辣椒的答案。

$ 買房技巧：
讓自己提早進入開始繳納房貸的狀態

　　A 大經常推廣的買房準備方式是，**讓自己提早進入已經在繳納房貸的狀態**。假若我們粗估未來的房貸月繳是 28,800 元，而目前的房租是 15,000 元，那麼下一個房東（銀行）每個月要收 28,800 元，中間的差額 13,800 元，就是我們要另外存，或者是拿去做固定投資的金額。

　　讓自己擁有每個月繳 28,800 元的能力，就是這樣訓練出來的。等到真的買了房子，就比較不用擔心繳不出房貸。因為你從開始存買房頭期款的階段，就已經做過自我

測試了。而每個月多存下的 13,800 元，也會在日後變成頭期款的一部分。

如果想要精確值，可以上網搜尋「房貸試算」，再輸入「貸款三要素：本金、利率、期數（年）」，就能算出答案。在 A 大撰文的當下，房貸利率約為 1.31 到 1.35%，而「房貸速算公式」則是把利率提高到 1.85%，理由在於，你買房之後，可不止房貸要繳，有些住宅還需要繳納管理費、公共水費與公共電費。先高估房貸月繳，剩下的錢，就可以繳納這些費用。（編按：2022 年升息過後，房貸利率行情為 1.56 到 1.60%。）

有經驗的教練，會引導你找出內心真正的需求，並且消除不安。A 大通常會先引導諮詢者解決目前的問題，再延伸出半步路，或者是一步，讓當事人知道下一步該怎麼走。這幾年來，有許多鄉民朋友實踐了我的建議，陸續買到了房子，A 大真的很替他們開心，畢竟擁有一個窩的踏實感，是很難用租屋去取代的。

小辣椒是 A 大目前還在陪伴中的朋友，她來找我的時候，對於未來感到很焦慮。天下本無事，「忙人」自擾之，這句話原本是在講「庸人」，但實際上，A 大發現很多大忙人都有這樣的特性，因為忙到沒時間理財，反而會更沒有安全感。所以我讓小辣椒知道，確定好買房預算和

房貸月繳之後，接下來還有什麼步驟可以釐清買房需求，讓她吃下「定心丸」，接下來就是靠時間的慢慢累積。

圖表 3-15　自助買房小問卷（二）

人、事、時、地、物	
人	什麼人要買，貸款人是誰？房子要登記誰的名字？
事	爲了什麼事而買房？自住 / 投資 / 換屋？
時	預計幾歲之前買房，或者是幾年之後買？
地	哪一個縣市的什麼地段？爲什麼想買在這裡？
物	要買什麼樣的物件？新成屋 / 預售屋 / 中古屋？透天 / 電梯公寓？幾房幾廳幾衛浴？
機能	
食	菜市場、大賣場、超市、超商、速食店
衣	○○百貨、○○商圈
住	距離工作地點、回家的距離（夫家、娘家）
行	停車場、捷運、火車、公車、轉運站、高鐵
育	○○學校、校區、學區、圖書館
樂	公園、夜市、游泳池、體育場、公共設施
醫	醫院、診所、復健診所、整復所、藥局

註：請參考夢想筆記本第 46 頁，有更詳細的規畫細節。

Ａ大想告訴計畫買房的讀者：**傾聽內心的聲音，回答完這份問券，買房概念的雛形就會出來。**

有教練帶領，選對方向，比努力更重要

網友小暖來找Ａ大聊理財規畫走向時，薪水大約是4到5萬，那時候她千頭萬緒，表示很擔心父母以後看病要花很多錢，因為他們的保險保障其實都不太足夠，所以她想多存點錢，以防萬一。那個時候，Ａ大跟她講了幾個重要觀念：

第一，**先把自己照顧好，才有能力去照顧你想照顧的人。** 你有想要照顧家人的心很好，想要幫父母買房、換車也很棒，但是也請你記得「好好照顧自己」，別常常熬夜準備家教的課程內容，更不要拿健康去換取財富。

再來是把生活費、儲蓄（備用金）和投資，用「專款專用」的概念分開管理；若還有多餘的精力，再設法提高收入。雖然現階段每月可存的金額不多，但還是要認真存。至於投資，如果沒什麼時間做波段操作，不妨考慮存股，或是買進指數型ETF，然後長期持有。

我覺得小暖最厲害的地方是，她努力讓自己的收入一

直提高。在四年間從月收入 4 萬多提高到 16 萬多，而且薪水雖然三級跳，她的開銷卻沒有三級跳，反而是留下更多的錢，以防父母臨時有需要。雖然她北漂工作不常在父母身邊，但是只要父母開口，在經濟上若能支援的，她必定會提供幫助。

由於擔心未來的開銷，小暖選擇將現金部位慢慢撐大，大約持有 50 萬的備用金。她因為沒辦法在老家陪伴父母而愧疚，但是 A 大開導她，畢竟這份工作要在北部才能拿到高一點的收入，對未來沒有安全感是正常的，每個人對未來都會有不同的擔憂。

教練存在的意義，是在你迷惘的時候，有人可以陪伴著一起討論，至少讓你不會感到孤單。萬一不小心走錯方向，教練會願意花力氣把你拉回正軌，指引你大方向。畢竟，選對方向，比努力更重要。

在 A 大的認知裡，學習每一種專業知識，都應該至少要找一個教練陪伴。例如在 A 大這裡，我提供的是理財與理債的規畫與建議、理財收入現金流的運用，在了解個案獨一無二的財務狀況後，量身訂做不同的規畫方案。

第一部
珍惜現時，享受人生，計畫將來

第二部
分配收入，整理財務

第三部
累積財富，創造理財收入

買房投資的規畫方式

小暖最初的理財目標是存股存到千萬資產，因為這個數字讓她比較有安全感。四年前她覺得要在北部買房太困難了，連想都不敢想，但是她今年總資產突破 250 萬的時候，又開始覺得可以考慮，於是就跟未婚夫討論了一下，未來的老公也覺得可行，他們便開始找房子，並閱讀買房的相關文章。

沒想到，準公公聽到這個消息，就打算把自己手上一間市價千萬的出租宅賣給小暖。小暖一接到這消息，立刻跑來問我：「A 大，我未來老公的爸爸有一間收租宅要便宜賣我。請問這樣我房貸會不會很沉重？」

A 大：「叔叔打算賣妳多少？」

小暖：「960 萬。要跟 A 大說聲抱歉，之前覺得買房太遙遠，所以您寫的買房文章我都只有略讀。不過我非常感激 A 大跟我說過，**就算現在辦不到也不要輕言放棄，你永遠不知道，過去的努力會在哪個地方開花結果。**」

A 大：「不客氣啦！是妳自己願意努力存錢，實際行動。這是妳應得的報酬。」

接著，小暖想知道買下這間房子，變成「包租婆」之

後，房貸是否負擔得起。A 大確認了房子目前是滿租，一個月房租 4 萬多之後，便開始教學。若你也想考慮投資買房出租，可以參考小暖的案例。

要買收租宅，最基本的就是「租金收益要大於貸款月繳金額」。比較理想的狀況是，11 個月的租金收益，要大於一整年度的房貸月繳。接著還要檢視兩件事：頭期款與房貸月繳。

頭期款：以房屋預計成交價 960 萬來考量，若能貸款八成，頭期款只需要 192 萬，加上預估暫繳代收款，大概還要準備 20 到 30 萬，可能會吃到一點點緊急備用金。

房貸月繳：房貸月繳的計算方式其實很簡單，**在貸款利率低於 1.85% 的情況下，都可以用房貸月繳口訣來計算：每貸款 1,000 萬，分三十年攤還，月繳 36,000**。以這間房屋而言，大概需要貸款 768 萬，那麼計算「房貸本息金額固定攤還月付金」的方法，就是 768 萬 ÷ 1,000 萬 × 36,000 = 27,648，一整年度的房貸支出為：27,648 × 12 = 331,776。就算收租只有 11 個月，每個月 4 萬，總計也有 44 萬。

$ 租金收益＞房貸月繳，就是不錯的投資

最理想的狀態，就是收完房租、繳完房貸之後，每個月還會多 12,352 元可以拿來做投資，加速累積退休金的速度。

小暖的租金報酬率，可以這樣概算：一年 12 個月的租金為 48 萬，48 萬 ÷ 960 萬＝ 5%。

小暖告訴 A 大，回想當初在存錢時，每個月只能存 4,000 塊買零股，還被同事酸說，這種存法要買房不知道要熬多少年。到後來每個月 2 萬、3 萬的存，現在居然要擁有房子，真是太不可思議了……她說，非常感謝 A 大當時建議她不要理會那些人。沒錯，嘴巴長在別人身上，我們管不著，但是我們可以管好自己的錢。**持續不斷地存錢，讓錢替我們工作，就算買房失敗，我們也會有滿手的股票與現金可以運用。**

好好珍惜畢業後的黃金十年

最後，A 大要跟各位分享另一個累積財富的要訣：**盡可能讓自己的薪資高於基本工資的兩倍以上。**這樣說可能

有點廢話，但是如果每個月想要存下更多的錢，光靠省錢是不夠的，基本條件是收入要夠高，存錢才會比較快。因此，畢業後的十年，就是很重要的黃金時刻。

你未來的薪水高低，很容易在這十年內被定型。如果你沒試著轉換跑道，或是跳槽換公司的話，薪資就是跟著公司的調薪幅度而成長。就算當上了主管，薪水也未必會三級跳。

如果一直處於窮忙的狀態，請好好考慮是否要換一份薪水高一點的工作。收入的高低，跟我們目前的生活品質有連帶關係，也會和退休生活有相對關係，如果收入不高，退休的年限就很難提前。

除了提高收入，還要懂得善用可分配餘額，讓自己每個月都有存到錢，持續不斷地把錢留給二十年、三十年後的自己。錢不會憑空生出來，一定是透過你的理財行為，讓自己的財富逐年累月的慢慢增加。在這十年間，你大概會需要幾個教練或老師的幫忙，也要仰賴書中的智慧，比如 A 大常提到《先別急著吃棉花糖》書中的概念：我願意在今天做些什麼，好換取明日的成功？延伸去想：為了拿到更高的薪水，我願意拿什麼東西來交換？**我願意做些什麼改變，好讓自己進步？**

2020 年，有位鄉民因為入不敷出來找 A 大做理財諮

詢，細問之下才發現，他花了很多錢投資自己，買線上課程，於是很自然地變成薪水不夠用，還倒吃存款。他說想要加強英文，希望能進入更好的公司。對許多人來說，這樣的投資可能是一場賭注，但是對他而言，卻是尋求一個翻身的機會。後來，在 2021 年的 11 月，鄉民來跟 A 大報喜，說他應徵到知名外商 G 公司的工作，除了**薪水漲幅30% 以上**，還有健身房和包三餐。此外，零食也能吃到爽了。對於零食控的他來說，這工作環境根本就是天堂。

讀完這本書，恭喜你畢業了

　　每一個教練或許只能陪你走人生的一小段，但每一段歷程，都將成為你夢想的養分。不論你有什麼理財目標，或是正在築夢，如果有一位隨行教練在身邊，不管是當面諮詢，或是以一本書的方式陪伴，肯定會讓你比較安心。

　　隨行教練存在的意義，不見得是要給你非常精確的建議，有時反而是為了消除迷惘與不安，講白話一點就是所謂的信心加持。萬一真遇上了止步不前、停滯不動的狀況，讓你卡關卡很久，一直沒辦法突破，如果能有一個人，或是書中的一段話，來幫你解惑、協助你調整方向，是不

第一部
珍惜現時，享受人生，計畫將來

第二部
分配收入，整理財務

第三部
累積財富，創造理財收入

是會好上許多？

　　A大覺得，我的存在比較像「理財界安西教練」。我和網友、鄉民之間的關係，就好比是選手與教練，教練可能要身兼多職，還沒上場前要當策略顧問，上場後一下子當領跑員、一下子要當補給站，偶爾還要變成啦啦隊，幫選手加油，給予心理上的鼓勵與支持。

　　買房、結婚、退休規畫，這些是多數人的理財目標，那要如何讓自己一步一腳印地實現理想？

　　鈴木一朗曾說，達成夢想與目標的方法只有一個，就是持續累積微不足道的小事。讀完這篇文章，代表你從A大的初學者理財課畢業了，但，畢業不是結束，而是新的開始，只要你願意從今天開始，為自己做點看似微不足道的小改變，就有機會將不可能化為可能。**在理財的領域裡，**Impossible is nothing. **萬般皆可能！**

國家圖書館出版品預行編目資料

A大的理財金律：從零存款開始也能越過越好【1書＋1夢想筆記本】/
A大（ameryu）作. -- 初版.--
臺北市：先覺出版股份有限公司，2022.06
288面；14.8×20.8公分 --（商戰系列；224）

ISBN 978-986-134-421-8（平裝）
1.CST：理財　2.CST：投資
563　　　　　　　　　　　　　　　　　　　111005813

Eurasian Publishing Group
圓神出版事業機構
用心與你對話・網野無限寬廣

先覺出版社
Prophet Press

www.booklife.com.tw　　　　　　reader@mail.eurasian.com.tw

商戰　224

A大的理財金律

從零存款開始也能越過越好【1書＋1夢想筆記本】

作　　者／A大（ameryu）
發 行 人／簡志忠
出 版 者／先覺出版股份有限公司
地　　址／臺北市南京東路四段50號6樓之1
電　　話／（02）2579-6600・2579-8800・2570-3939
傳　　真／（02）2579-0338・2577-3220・2570-3636
總 編 輯／陳秋月
資深主編／李宛蓁
專案企畫／沈蕙婷
責任編輯／李宛蓁
校　　對／A大（ameryu）・林淑鈴・李宛蓁
美術編輯／林韋伶
行銷企畫／陳禹伶・黃惟儂
印務統籌／劉鳳剛・高榮祥
監　　印／高榮祥
排　　版／莊寶鈴
經 銷 商／叩應股份有限公司
郵撥帳號／18707239
法律顧問／圓神出版事業機構法律顧問　蕭雄淋律師
印　　刷／祥峰印刷廠
2022年6月　初版

定價 410 元　　　　　ISBN 978-986-134-421-8

A 大溫馨提醒：愼防詐騙，守住財富

有鑑於詐騙手法層出不窮，不斷翻新，防不勝防，爲避免有人被騙，特寫此文，希望能夠減少詐騙的事情再度發生。

一、舉凡要你匯款或是到 ATM 操作的，以及網購解除分期設定，來電是用語音通知電話費、健保費沒繳，要你回撥的，還有網路書店通路打電話來，要你去解除○○設定，像是你變成了經銷商之類的，都是詐騙。

二、投資詐騙是先送你錢去投資，等你看了「假的 APP」有賺到錢，想要出金（取款）的時候，會要求你匯保證金跟手續費等，臉書、LINE、簡訊、電話，若有邀請你加入 LINE 投資群，說要帶你賺錢的，或是打電話來，假冒○○銀行說要幫你降利息的，絕對是詐騙。

三、網路交友談戀愛的，若有邀請你參加○○投資，或跟你談到未來的願景，要你幫忙出頭期款，或是老北老木突然破病，急需一筆錢，百分之三百是詐騙，你當健保是塑膠做的？除非他不是台灣人。

四、盜用財經名人照片或假粉專的投資邀請，八九不離十是詐騙。

詐騙手段族繁不及備載，還請各位多善用 Google 搜尋「○○詐騙」，並小心防範。要記住，不管遇到任何狀況都先保持冷靜，然後**小心求證。不然就直接打 165 反詐騙專線。**

Ａ大的信念：

追求卓越，沒有不可能。

Ａ大的信念：

做自己的太陽，才能成爲引導別人的光。

（靈感取材自魏如萱歌曲《陪著你》）